RUTAS DEL DISCIPULADO

Formando Líderes en Cristo

ELISMAR PARRA

RUTAS DEL DISCIPULADO
© **Elismar Parra.** Todos los derechos reservados
© **Harvest Books Ltd.** 2025

Publicado por:
HARVEST BOOKS Ltd.
Suite LP58738,20-22 Wenlock Road
N1 7GU -London-
United Kingdom
editorialharvest@gmail.com
www.editorialharvest.net

Diseño y composición: Pixxel Connect Ltd..
(www.pixxelconnect.com)

Obra protegida por el derecho internacional de la Propiedad Intelectual. Safe creative
S.L. Código de registro: 1802152676206

Reservados todos los derechos. No se permite la reproducción total o parcial de esta obra, ni su incorporación a un sistema informático, ni su transmisión en cualquier forma o por cualquier medio (electrónico, mecánico, fotocopia, grabación u otros) sin autorización previa y por escrito de los titulares del copyright. La infracción de dichos derechos puede constituir un delito contra la propiedad intelectual.

CONSIGUE TODOS NUESTROS LIBROS EN:
www.editorialharvest.net

REDES DE HARVEST:
❶ harvestbooks
◉ editorialharvest

DEDICATORIA

A los que caminan lento, pero firmes.

A los que no enseñan desde un púlpito, sino desde la vida.

A quienes han hecho del discipulado una mesa abierta, un hombro disponible, un oído atento.

A los que creen en el proceso y no en las prisas.

A los que siembran sin garantías, riegan con paciencia y esperan con fe.

A cada alma que ha tomado la decisión de formar a otros con amor, lágrimas y oración.

Este libro es una linterna encendida para el camino.

Gracias por ser la ruta de alguien.

CONTENIDO

Agradecimientos	5
El Fundamento del Discipulado	7
Características de un Discípulo	37
El Proceso de Formar Discípulos	57
Herramientas para el Discipulado	65
Desafíos en el Discipulado	71
El Liderazgo Emergente de los Discípulos	75
Testimonios de Vida	81
La Importancia de la Rendición de Cuentas	85
Discipulado en la Era Digital	101
El Discipulado y la Misión	105
Discipulado Intergeneracional	115
El Rol de la Adoración en el Discipulado	123
Modelando a Cristo en el Discipulado	131
La Perseverancia en el Discipulado	141

AGRADECIMIENTOS

Este libro no habría sido posible sin la guía de Dios, quien ha sido la fuente de inspiración, fortaleza y visión en cada paso de este camino. A Él sea toda la gloria, porque cada palabra escrita aquí nace de Su gracia y dirección.

A mis padres, gracias por ser mi mayor ejemplo de entrega, trabajo constante y fe inquebrantable. Con sus vidas me han enseñado que el verdadero liderazgo nace en casa, en los actos sencillos, en la obediencia a Dios y en el amor que se da sin medida. Ustedes han sembrado en mí valores que hoy sostienen mi caminar, y cada paso que doy lleva impreso su legado.

A mi amado esposo, gracias por caminar a mi lado con paciencia, comprensión y apoyo incondicional. A mis hijos, que han sido parte de este proceso sin siquiera notarlo, con su ternura, compañía y la fuerza silenciosa que solo el amor familiar puede dar. Ustedes son mi alegría y mi motivo.

A quienes me han acompañado con palabras de ánimo, con oraciones sinceras o simplemente con una mirada que decía: "sigue adelante". Sus gestos, aunque sencillos, fueron combustible en los momentos de duda.

A cada mentor y líder que ha dejado huella en mi vida, incluso sin saberlo. Este libro es también un homenaje a ustedes, a sus palabras oportunas, sus silencios sabios y su ejemplo constante.

A quienes han creído en esta visión, aunque aún no veían resultados. Su fe me empujó a seguir adelante.

Y por supuesto, gracias a ti, lector. Tu tiempo es valioso, y que lo dediques a recorrer estas rutas del liderazgo me honra profundamente. Oro para que cada página encienda algo dentro de ti, te desafíe y te recuerde que el liderazgo no es un destino, sino un camino que se recorre con propósito y convicción.

1

EL FUNDAMENTO DEL DISCIPULADO

El discipulado es el corazón del llamado cristiano, un proceso continuo de transformación y aprendizaje que trasciende una simple relación entre maestro y aprendiz. En su esencia, el discipulado es el compromiso de seguir a Cristo, aprendiendo de Él y conformando nuestra vida según su ejemplo. La palabra "discípulo" proviene del latín discipulus, que significa "aprendiz" o "alumno". No obstante, en el contexto cristiano, el discipulado implica mucho más que adquirir conocimientos: es un llamado a vivir de acuerdo con las enseñanzas de Jesús, a ser moldeados y guiados por el Espíritu Santo para reflejar la imagen de Cristo en todo lo que hacemos.

El discipulado no es solo una actividad que ocurre dentro de la iglesia, sino que es un estilo de vida. Involucra un caminar constante y profundo con Jesús, donde nuestras prioridades, valores y metas se alinean con su voluntad. Es una relación de obediencia y entrega, en la que aprendemos a amar como Él, a servir como Él, y a liderar desde el ejemplo de humildad y compasión que nos mostró.

El propósito de este capítulo es establecer el fundamento sobre el cual todo liderazgo cristiano debe edificarse.

El discipulado: Aquí no solo exploraremos su significado, sino también cómo es esencial para formar líderes que no solo guían a otros, sino que vivan según el modelo de Jesús.

Al comprender este fundamento, entenderemos que el crecimiento de la iglesia no depende únicamente de programas o estructuras, sino de la vida transformada de sus líderes y miembros, quienes, al ser verdaderos discípulos, pueden llevar el Evangelio a todos los rincones del mundo.

Este capítulo es crucial para quien desee comprender el liderazgo cristiano, porque nos recuerda que ser líder en la iglesia no se trata solo de ocupar un puesto, sino de encarnar el llamado de ser un discípulo auténtico de Cristo.

El Mandato Bíblico del Discipulado

La Gran Comisión: Un Mandato Universal

El discipulado no es opcional, es un mandato. En Mateo 28:19-20, Jesús da una de las instrucciones más claras y poderosas a sus discípulos antes de ascender al cielo:

"Por tanto, vayan y hagan discípulos de todas las naciones, bautizándolos en el nombre del Padre y del Hijo y del Espíritu Santo, enseñándoles a obedecer todo lo que les he mandado a ustedes. Y les aseguro que estaré con ustedes siempre, hasta el fin del mundo" (Mateo 28:19-20, NVI).

Jesús no solo instruyó a sus seguidores a predicar o enseñar, sino a formar discípulos. Este mandato implica no solo la proclamación del Evangelio, sino también una dedicación a enseñar, formar y acompañar a otros en su crecimiento espiritual. La Gran Comisión deja claro que el discipulado es un llamado activo y global. No es algo limitado a nuestra iglesia local o a personas cercanas a nosotros, sino que abarca a "todas las naciones". Cada creyente está llamado a ser discípulo y, a la vez, formador de discípulos.

- ¿Cómo puedo yo, en mi contexto actual, responder a este llamado a hacer discípulos?
- ¿Estoy comprometido en mi propio proceso de discipulado para poder guiar a otros?

Jesús: El Modelo Perfecto

La Biblia está llena de ejemplos poderosos de discipulado. Estos relatos no solo nos inspiran, sino que también nos enseñan principios valiosos sobre cómo acompañar a otros en su camino espiritual.

El Modelo Perfecto

El ejemplo más claro y perfecto de discipulado es el de Jesús con sus doce discípulos. Durante tres años, Él vivió con ellos, les enseñó, corrigió y modeló una vida de servicio y obediencia al Padre. Jesús no solo les dio conocimiento, sino que les mostró cómo aplicar ese conocimiento a la vida cotidiana. Les encomendó tareas prácticas, como cuando los envió de dos en dos a predicar (Marcos 6:7-13) y los preparó para continuar su obra después de su partida.

Piensa en un área de tu vida donde Jesús esté obrando activamente, como lo hizo con sus discípulos. ¿Qué puedes aprender de ese proceso para enseñar a otros?

Pablo y Timoteo: Discipulado Generacional

El apóstol Pablo es otro gran ejemplo de un líder comprometido con el discipulado. En su relación con Timoteo, vemos un modelo de discipulado generacional, donde Pablo invierte en Timoteo para que, a su vez, este pueda enseñar a otros. En 2 Timoteo 2:2, Pablo le instruye a su discípulo:

"Lo que has oído de mí ante muchos testigos, encomiéndalo a hombres fieles que sean idóneos para enseñar también a otros."

Este versículo refleja el impacto que puede tener un discipulado bien hecho: la formación de líderes que continúen multiplicando el mensaje de Cristo. Pablo no solo discípulo a Timoteo, sino que lo formó para que también multiplicara discípulos.

Entre las lecciones clave de esta relación discipular, podemos resaltar:

- Relación Personal: Pablo conocía profundamente a Timoteo, sus fortalezas y debilidades.
- Mentoría Continua: Pablo siempre estuvo presente para guiar a Timoteo en sus desafíos ministeriales.
- Formación para el Futuro: El discipulado no es solo

para el presente, sino para formar líderes que continúen el legado de Cristo.

Elías y Eliseo: Un Discipulado de Poder y Servicio

El profeta Elías también nos deja un ejemplo significativo en su relación con Eliseo. En 2 Reyes 2:9, antes de que Elías sea llevado al cielo, Eliseo pide una doble porción de su espíritu, demostrando su deseo de continuar el ministerio de su maestro. Elías no solo discipuló a Eliseo a nivel personal, sino que lo preparó para liderar con poder y unción.

Identifica a una persona en tu vida con quien puedas caminar en un proceso de discipulado. ¿Cómo puedes ser tú un 'Elías' que impulse el crecimiento de alguien más?, ayudándola a crecer y asumir su llamado?

El discipulado es un mandato divino que no solo nos invita a seguir a Jesús, sino a guiar a otros en ese mismo camino. Desde la Gran Comisión hasta los ejemplos bíblicos de Jesús, Pablo y Elías, vemos que el discipulado no es un proceso aislado ni individual, sino una misión continua que impulsa el crecimiento del Reino de Dios. Al vivir el discipulado, no solo formamos líderes, sino que también extendemos el impacto del Evangelio a todas las naciones.

Beneficios del Discipulado para la Iglesia

El discipulado no es solo una responsabilidad individual, sino una herramienta poderosa para transformar la iglesia. A través de relaciones profundas, madurez espiritual y la multiplicación de nuevos líderes, el discipulado se convierte en el motor que impulsa el crecimiento de la comunidad de fe. Veamos cómo estos beneficios impactan la vida de la iglesia.

Fortalecimiento de la Comunidad:

Relacionarse para Crecer Juntos

Una iglesia que discipula activamente es una iglesia unida. Cuando los creyentes se involucran en un proceso de discipulado, no solo aprenden más sobre la Palabra de Dios, sino que también construyen relaciones profundas con otros hermanos y hermanas en la fe. Este nivel de conexión es esencial para una comunidad sólida, cimentada en la confianza y el apoyo mutuo.

Relación entre Hermanos y Hermanas en la Fe

Imagina una iglesia donde cada persona tiene un mentor espiritual, alguien con quien pueden orar, compartir sus luchas y encontrar consejo. Este tipo de relaciones permiten que el amor y el servicio fluyan de manera natural, creando un ambiente donde cada miembro se siente cuidado y valorado. Esto también evita que los nuevos creyentes se sientan aislados o desconectados, ya que siempre habrá alguien dispuesto a caminar con ellos.

¿Estoy participando activamente en una relación de discipulado? Si no, ¿qué pasos puedo tomar para formar parte de este tipo de relaciones en mi iglesia?

Creciendo y Madurando en la Fe

El discipulado es un camino hacia la madurez espiritual. A través de la enseñanza bíblica y la relación con otros creyentes, los discípulos aprenden a aplicar los principios de la Palabra de Dios en su vida diaria. El discipulado no busca solo transmitir información, sino provocar una transformación que impacte el carácter, las decisiones y las relaciones del creyente.

A continuación, te presento un cuadro que describe cómo el discipulado impulsa cada etapa del crecimiento espiritual:

Diagrama del Crecimiento Espiritual en el Discipulado:

Etapa del Discipulado	Características	Resultado
Iniciación	Conocimiento básico de la fe y la Biblia	Comprensión de la salvación
Madurez	Aplicación de principios bíblicos en la vida diaria.	Desarrollo del carácter cristiano
Multiplicación	Enseñar y guiar a otros en el discipulado	Formación de nuevos líderes

El discipulado permite que cada creyente avance de manera progresiva en su fe. En lugar de permanecer estancados en una etapa inicial, son impulsados a crecer, asumir responsabilidades y vivir una vida cristiana plena.

Identifica un área de tu vida donde necesitas madurar espiritualmente. ¿Cómo puede el discipulado ayudarte a crecer en esa área? Ora y busca consejo de un mentor o líder en tu iglesia.

Multiplicación del Liderazgo:

Crear Nuevas Generaciones de Líderes

Uno de los frutos más poderosos del discipulado es la multiplicación de líderes. Cuando alguien es formado con intención —no solo en conocimientos, sino también en carácter—, se convierte en alguien capaz de guiar con sabiduría, enseñar con claridad y servir con madurez. Este proceso no solo fortalece la vida individual del creyente, sino que también es clave para el crecimiento saludable de la iglesia. El discipulado rompe con la idea de centralizar el liderazgo en unos pocos; más bien, busca equipar a muchos para que participen activamente en la misión.

Veamos un ejemplo real de cómo el discipulado puede transformar el liderazgo de una iglesia. El pastor, aunque comprometido y apasionado, se dio cuenta de que no podía abarcar todas las áreas del ministerio por sí solo. En lugar de sobrecargarse, decidió invertir tiempo en discipular a varios miembros clave de la congregación.

Les enseñó, los formó, los escuchó, caminó con ellos. Poco a poco, esos discípulos se convirtieron en líderes preparados, tanto en doctrina como en madurez espiritual. Con el tiempo, estos nuevos líderes asumieron responsabilidades, comenzaron a formar a otros, y la iglesia fue desarrollando una estructura más sólida y viva.

En pocos años, los ministerios florecieron, no porque todo dependiera del pastor, sino porque el liderazgo había sido sembrado en muchos corazones, creando una cadena de discipulado que seguía dando fruto.

Piensa: ¿en qué áreas de tu iglesia se necesitan más líderes comprometidos? ¿Qué pasos podrían tomarse para formarlos desde el discipulado?"

¿Cómo el discipulado puede ayudar a desarrollar personas para llenar esos vacíos?

En grupos pequeños, hagan una lista de personas que puedan ser discipuladas para servir en diferentes áreas del ministerio. Asignen a alguien que los pueda guiar en ese proceso.

El discipulado es el pilar sobre el cual se construye una iglesia saludable. Fortalece la comunidad, profundiza el crecimiento espiritual y multiplica el liderazgo. Estos beneficios no solo impactan a cada individuo, sino que tienen un efecto multiplicador en toda la iglesia. Cuando una iglesia toma en serio el discipulado, está plantando las semillas para una comunidad más unida, madura y efectiva en su misión de expandir el Reino de Dios.

El Rol del Líder en el Discipulado

El discipulado requiere de líderes comprometidos que no solo enseñen con palabras, sino que modelen una vida digna de imitar. Exploremos el papel crucial que los líderes juegan en el discipulado, desde ser un ejemplo vivo de la fe, hasta acompañar y promover el crecimiento personal de aquellos a quienes guían.

Liderar con la vida: más que enseñar, vivir lo que se predica

Uno de los aspectos más poderosos del liderazgo en el discipulado es el **ejemplo personal**. Los líderes no pueden pedir a sus discípulos que vivan de una manera si ellos mismos no lo hacen primero. Jesús fue el ejemplo perfecto de esto: vivió lo que enseñaba, y sus discípulos pudieron ver cómo sus palabras eran acciones congruentes.

El apóstol Pablo también comprendió esta responsabilidad. En 1 Corintios 11:1, Pablo les dice a los creyentes:

> "Imítenme a mí, como yo imito a Cristo."

Un líder disciplinador debe ser alguien cuya vida sea digna de imitar. No se trata de aparentar perfección, sino de vivir con autenticidad y humildad, mostrando cómo la fe transforma incluso nuestras debilidades, mostrando cómo la fe se vive en lo cotidiano, incluso en los momentos de desafío.

¿Qué aspectos de tu vida podrían ser un ejemplo positivo para los demás? ¿Hay áreas donde necesitas trabajar para ser un modelo más efectivo?

Enseñar y Mentorear: caminar junto al discípulo

El liderazgo en el discipulado va más allá de ser un ejemplo. Involucra enseñar, guiar y acompañar a los discípulos en su crecimiento espiritual. Los líderes deben invertir tiempo y esfuerzo en desarrollar relaciones significativas con aquellos que están discipulando, ofreciéndoles instrucción bíblica, consejo sabio y ánimo constante.

Pasos para una Mentoría Efectiva en el Discipulado

Acción	Descripción
Conocer al Discípulo	Dedica tiempo a entender sus necesidades, luchas y aspiraciones.
Enseñar con claridad	Comparte enseñanzas bíblicas relevantes, aplicables a su vida diaria.
Acompañar	No basta con enseñar: camina junto a ellos, brindando apoyo en su proceso.
Establecer metas	Ayuda a los discípulos a fijar metas espirituales realistas y alcanzables.
Orar juntos	La oración conjunta fortalece la relación y dependencia de Dios para el crecimiento.

Estos pasos no son teoría vacía; cuando se aplican con sinceridad, dan fruto.

Eso fue precisamente lo que experimentó Ana, una líder de jóvenes que descubrió el poder del acompañamiento real.

Ana se dio cuenta de que simplemente dar estudios bíblicos no era suficiente. Empezó a invitar a los jóvenes a tomar café, a escucharlos sin prisa, a orar con ellos, y a retarlos suavemente con pequeños desafíos para aplicar lo aprendido. En ese caminar cercano, los corazones comenzaron a abrirse. Con el tiempo, esos jóvenes no solo maduraron en su fe, sino que se convirtieron en mentores de otros, multiplicando lo que Ana sembró. El fruto fue evidente, porque la semilla fue sembrada con dedicación.

Ahora, piensa en tu propio grupo de discipulado:

¿Qué puedes hacer esta semana para fortalecer tu rol como mentor o mentora espiritual?

Haz una lista de tres acciones concretas que puedas tomar para estar más presente en la vida de tus discípulos. A veces, un café y una oración sincera pueden abrir más puertas que mil palabras.

Fomento del Crecimiento Personal: Oportunidades para Desarrollarse

Un buen líder discipulador no solo enseña y acompaña, sino que también **crea oportunidades** para que los discípulos crezcan en su vida espiritual y personal. Esto significa identificar dones y talentos en los discípulos, y ofrecerles la oportunidad de ponerlos en práctica.

Jesús no solo enseñaba a sus discípulos; Él también les dio **oportunidades para actuar**. Los enviaba a predicar, sanar y expulsar demonios (Lucas 9:1-6). Al hacerlo, Jesús les permitió aplicar lo que habían aprendido en situaciones reales, lo que les ayudaba a crecer en fe y confianza.

Aplicación práctica para líderes: Como líder, puedes crear oportunidades para que los discípulos crezcan al darles responsabilidades en la iglesia, ya sea en el ministerio de jóvenes, en la alabanza, o en el evangelismo. Al asignar tareas específicas, les das la oportunidad de crecer en sus habilidades y prepararse para liderar en el futuro.

Aquí algunas formas en que puedes fomentar el desarrollo de tus discípulos en áreas clave de la iglesia:

Cuadro de Oportunidades de Crecimiento en la Iglesia:

Área	Oportunidad
Ministerio de Jóvenes	Invitar a un joven a dar una charla o liderar un grupo pequeño.
Alabanza	Dar a un miembro la oportunidad de dirigir un tiempo de oración o adoración.
Evangelismo	Animar a los discípulos a participar en visitas misioneras o actividades de alcance.

¿Cómo puedes fomentar el crecimiento de los discípulos que estás guiando? ¿Qué oportunidades les puedes ofrecer esta semana?

El rol del líder en el discipulado es uno de los más importantes dentro de la iglesia. Los líderes están llamados a ser ejemplos, mentores y facilitadores del crecimiento de los demás. Al modelar la vida de Cristo, enseñar con sabiduría y proporcionar oportunidades para el desarrollo, los líderes no solo forman discípulos, sino que también preparan a la próxima generación de líderes que guiarán la iglesia.

El disciplinado efectivo no sucede en un vacío. Requiere líderes comprometidos que inviertan en la vida de otros, caminando junto a ellos en su viaje de fe y dándoles las herramientas necesarias para crecer, multiplicarse y servir en el Reino de Dios.

Desafíos y Soluciones en el Discipulado

El discipulado, aunque esencial para la vida cristiana, no está exento de obstáculos. En esta sección, identificaremos algunos de los desafíos más comunes que enfrentan los líderes y discípulos, y proporcionaremos soluciones prácticas para superarlos. El discipulado requiere compromiso, pero con una estrategia sabia, cada desafío puede superarse.

Veamos ahora algunos de los retos más comunes que enfrentan líderes y discípulos en este camino de formación espiritual:

Desafíos Comunes en el Discipulado

El camino del discipulado tiene muchos beneficios, pero también conlleva dificultades que pueden desanimar tanto a los líderes como a los discípulos. Aquí te presentamos algunos de los retos más frecuentes:

Falta de Tiempo:

En una sociedad con agendas cada vez más ocupadas, la falta de tiempo es uno de los mayores desafíos para el discipulado. A muchos líderes y discípulos les resulta difícil organizar reuniones regulares o dedicarse a actividades de crecimiento espiritual debido a sus responsabilidades laborales, familiares o personales.

Compromiso Inconsistente:

El discipulado requiere un compromiso constante, tanto del líder como del discípulo. Sin embargo, puede ser difícil mantener la motivación a largo plazo. Factores como desánimo, falta de apoyo o el simple agotamiento espiritual pueden llevar a que los participantes pierdan el interés o la disciplina.

Escasez de Recursos:

Algunas iglesias o grupos pequeños carecen de materiales, estudios bíblicos o herramientas adecuadas para guiar el proceso de discipulado de manera efectiva. Esto puede crear frustración en los líderes, que se ven limitados al momento de proporcionar contenido enriquecedor.

Resistencia al Cambio:

A veces, los discípulos pueden resistirse a los cambios que el discipulado exige en su vida. Dejar viejos hábitos, corregir comportamientos o asumir nuevas responsabilidades puede ser un reto, y algunos pueden preferir permanecer en su zona de confort en lugar de crecer espiritualmente.

Cuadro de Desafíos en el Discipulado:

Desafío	Impacto
Falta de Tiempo	Menos reuniones, menor interacción, crecimiento estancado
Compromiso inconsistente	Desánimo, abandono del proceso de discipulado
Escasez de recursos	Materiales insuficientes, contenido limitado.
Resistencia al cambio	Falta de crecimiento, resistencia a nuevas responsabilidades

Soluciones Prácticas para Superar los Desafíos

Todo desafío tiene solución. A continuación, veamos cómo enfrentarlos de forma práctica y efectiva, permitiendo que el discipulado sea más eficiente, accesible y transformador.

A. **Planificación Efectiva:** Porque lo que es importante, se agenda
Una de las mejores formas de superar la falta de tiempo es hacer del discipulado una prioridad en nuestras agendas. Así como reservamos tiempo para el trabajo o las actividades personales, debemos hacerlo para el crecimiento espiritual.

Estrategia:
- **Establecer Horarios Fijos:** Fija una hora y

día específicos para las reuniones de discipulado, como un hábito no negociable. Esto hace que tanto líderes como discípulos lo asuman como un compromiso real.
- **Mini reuniones o Check-ins Virtuales:** Si las reuniones largas no son posibles, organiza breves momentos de contacto virtual (10-15 minutos) para mantener la conexión y el enfoque en el crecimiento.

Pedro, un líder con múltiples responsabilidades, encontró una solución creativa: además de sus reuniones quincenales, implementó un breve 'check-in' virtual cada lunes por la mañana. Esto ayudó a mantener la conexión y reforzar el compromiso.

B. Uso de la Tecnología: aliada estratégica del discipulado moderno

La tecnología es un gran aliado en el disciplinado moderno. Con tantas herramientas disponibles, podemos eliminar las barreras de distancia y tiempo.

Soluciones Tecnológicas:
- **Plataformas en Línea:** Usa plataformas como Zoom o Google Meet para reuniones a distancia.
- **Apps para Discipulado:** Existen aplicaciones que permiten realizar seguimientos personalizados de devocionales, estudios bíblicos o metas espirituales. Algunas incluyen recordatorios automáticos para hacer que el proceso sea más constante.
- **Grupos de Mensajería:** WhatsApp o Telegram

pueden ser útiles para mantener la comunicación diaria o compartir contenido rápido, como devocionales o reflexiones bíblicas.

¿Qué herramienta tecnológica podrías comenzar a usar esta semana para fortalecer tu grupo de discipulado?.

¡Haz una prueba esta semana y evalúa los resultados con tu grupo!

C. Creación de Grupos de Apoyo: Fomentando el Compromiso y la Motivación

Una forma de combatir el compromiso inconsistente es crear un sentido de responsabilidad mutua y apoyo dentro del grupo de discipulado. Cuando los discípulos sienten que pertenecen a una comunidad y que su progreso espiritual afecta a otros, están más motivados a permanecer constantes.

Estrategias:
- **Grupos Pequeños:** Divide el discipulado en grupos más pequeños para crear un ambiente más íntimo y personal, donde sea más fácil compartir y apoyarse.
- **Parejas de Rendición de Cuentas:** Asigna a cada discípulo un compañero o compañera de rendición de cuentas. Esta persona les ayudará a mantenerse enfocados en sus metas espirituales y compartir desafíos de manera personal.

En la iglesia de Carlos, los grupos de discipulado se organizan en equipos de tres personas. Cada semana, esas personas se comprometen a orar unas por otras y revisar su progreso espiritual. Con el tiempo, esta dinámica generó un ambiente de compromiso genuino, donde cada miembro se siente visto, acompañado y motivado..

D. Recursos que dejan huella: Creatividad al servicio del discipulado

Cuando los recursos escasean, la creatividad se vuelve un aliado poderoso. Los líderes pueden diseñar materiales sencillos, usando lo que ya tienen a su alcance, y aún así impactar vidas. Si no hay acceso a estudios bíblicos formales, pueden elaborarse devocionales breves o lecturas que hablen directamente a la realidad del grupo.

Lo importante no es la perfección del recurso, sino el amor con el que fue creado y su capacidad de conectar con el corazón del discípulo.

Soluciones creativas:
- **Estudios Bíblicos Personalizados:** Prepara estudios basados en las preguntas o luchas que los discípulos traigan a las reuniones.
- **Recursos Online Gratuitos:** Hay muchas páginas web con recursos de discipulado que pueden descargarse o utilizarse para guiar las reuniones.
- **Mentoría Compartida:** Invita a otros líderes experimentados de la iglesia para dar charlas o compartir su testimonio con el grupo.

¿Qué podrías diseñar esta semana, incluso algo sencillo, que ayude a tus discípulos a dar un paso más en su caminar con Cristo?

Aunque el discipulado presenta desafíos, estos no deben desanimarnos. Con planificación, apoyo mutuo y las herramientas correctas, podemos superarlos. Así aseguramos que este proceso continúe siendo una fuente constante de crecimiento espiritual, tanto para líderes como para discípulos.

Las soluciones prácticas presentadas aquí no solo facilitan el proceso, sino que lo hacen más accesible y adaptable a las necesidades de cada iglesia. Cuando identificamos los desafíos y actuamos con sabiduría para resolverlos, el discipulado se fortalece y el Reino de Dios se expande.

A lo largo de este capítulo, hemos explorado el fundamento del discipulado cristiano desde varias perspectivas esenciales, entre ellas:

- **Definición del Discipulado:** El discipulado es un llamado divino a seguir a Cristo y enseñar a otros a hacer lo mismo, fundamentado en la **Gran Comisión** de Mateo 28:19-20. Es un proceso continuo que transforma vidas y fortalece la fe de forma constante.
- **Mandato Bíblico del Discipulado:** Jesús nos llama a hacer discípulos de todas las naciones. Además, a través de ejemplos bíblicos como el de Pablo con Timoteo, o el de Elías con Eliseo, vemos cómo el discipulado se vive en relaciones cercanas, intencionales y orientadas al crecimiento espiritual.

- **Beneficios del Discipulado para la Iglesia:** El discipulado fortalece la comunidad, fomenta el crecimiento espiritual de los creyentes y multiplica el liderazgo en la iglesia. Al discipular, .la iglesia se transforma en una comunidad viva de apoyo mutuo y crecimiento continuo.
- **El Rol del Líder en el Discipulado:** Los líderes deben ser ejemplos a seguir, enseñando y guiando a sus discípulos con integridad. Además, tienen la responsabilidad de proporcionar oportunidades de crecimiento para que los discípulos se desarrollen en su vida espiritual y personal.
- **Desafíos y Soluciones en el Discipulado:** Aunque el discipulado enfrenta obstáculos como la falta de tiempo o compromiso, es posible superarlos mediante planificación efectiva, el uso inteligente de la tecnología y la formación de grupos de apoyo. Estas estrategias ayudan a mantener el discipulado como una prioridad constante en la vida de la iglesia.

El discipulado no es solo una opción en la vida cristiana; es una responsabilidad sagrada y un privilegio. Como líderes, estamos llamados a formar discípulos que, a su vez, formarán a otros, multiplicando el Reino de Dios y extendiendo su verdad a todas las naciones.

Es momento de aplicar estos principios en tu contexto ministerial, permitiendo que den fruto según la guía del Espíritu.

- **Sé intencional:** Dedica tiempo para discipular, estableciendo relaciones profundas y significativas.

- **Sé un ejemplo:** Vive una vida que inspire a otros a seguir a Cristo, no solo con tus palabras, sino con tus acciones diarias.
- **Crea oportunidades:** Brinda a los discípulos las herramientas y espacios necesarios para que crezcan y sirvan activamente en la iglesia.

No es necesario esperar a que todo sea perfecto para comenzar. Da el primer paso hoy, usando los recursos y personas que Dios ha puesto a tu alrededor, y permite que el Espíritu Santo guíe todo este proceso.

Recuerda: el discipulado no es un camino solitario. Como comunidad, caminamos juntos, animándonos mutuamente a crecer en la fe, servir con propósito y extender el Reino de Dios.

El Amor como Fundación

El amor es el fundamento que sostiene todas nuestras acciones y relaciones como creyentes. Sin amor, nuestras acciones y esfuerzos en el discipulado carecen de valor. En esta sección, exploraremos el mandamiento de amor que Jesús nos dio y cómo podemos reflejar ese amor sacrificial en nuestra vida cotidiana.

El Mandamiento del Amor
En Juan 13:34-35, Jesús nos da un mandamiento fundamental que redefine la forma en que debemos relacionarnos entre nosotros. Leamos el pasaje:

> **"Un mandamiento nuevo os doy: Que os améis unos a otros; como yo os he amado, que también os améis unos a otros. En esto conocerán todos los que sois mis discípulos, si tenéis amor los unos por los otros."**

Reflexionemos:

- **Nuevo Mandamiento:** Jesús introduce el amor como un mandamiento central. No es solo una sugerencia; es una orden que debemos obedecer. Este amor no es un amor superficial, sino un amor profundo y comprometido.
- **La Prueba de Discipulado:** Jesús señala que nuestra identificación como discípulos se basa en cómo nos amamos entre nosotros. Esto nos invita a reflexionar: ¿Estamos realmente amándonos de esta manera en nuestras iglesias y comunidades?

¿Nuestro amor refleja realmente la profundidad con la que Cristo nos amó?

Amor sacrificial
El amor que Jesús nos mandó a practicar es un amor sacrificial: uno que se entrega sin esperar nada a cambio. Él lo demostró de manera suprema al dar su vida por nosotros. En nuestras relaciones y servicio, estamos llamados a reflejar ese mismo amor, con entrega y generosidad.

A. El ejemplo de Cristo:
- **Cristo como Modelo:** En Romanos 5:8 se nos recuerda que "Dios muestra su amor para

con nosotros, en que, siendo aún pecadores, Cristo murió por nosotros". Este acto es la máxima expresión de amor sacrificial: dar todo sin condiciones.
- **Amor en Acción:** Este tipo de amor nos impulsa a actuar en favor de otros, a ponernos en su lugar y atender sus necesidades. No se limita a palabras; se manifiesta en acciones concretas que reflejan el corazón de Cristo.

B. Aplicando el Amor Sacrificial en el Discipulado:
- **Servir a los Demás:** El discipulado implica servir a nuestros hermanos y hermanas en Cristo. Esto puede significar apoyar a alguien en momentos difíciles, escuchar a quienes necesitan desahogarse, o incluso ayudar en tareas prácticas de la iglesia.
- **Sacrificio Personal:** Este amor a menudo requiere que pongamos a los demás antes que nuestras propias prioridades. Puede implicar renunciar a tiempo, recursos o comodidad por el bienestar de otros. Preguntémonos con sinceridad: ¿Qué estoy dispuesto a entregar por amor? ¿Estoy reflejando el corazón de Cristo en mis decisiones diarias?

El Amor como Fundación

El amor no es solo una emoción; es un compromiso profundo que debemos asumir con seriedad. Como discípulos de Cristo, estamos llamados a vivir un amor que se refleje en nuestras palabras, en nuestras decisiones y en la forma en que construimos comunidad unos con otros.

El discipulado comienza y se sostiene en el amor. Este amor es la base sobre la cual edificamos nuestras relaciones, nuestro servicio y nuestra vida en comunidad. Si anhelamos ser verdaderos discípulos de Cristo, debemos encarnar este mandamiento en cada rincón de nuestra existencia.

Porque donde hay amor verdadero, hay discipulado vivo. Y donde hay discipulado vivo, el Reino de Dios se manifiesta con poder.

El amor es el fundamento de nuestro discipulado. A través del mandamiento de Jesús y su amor sacrificial, aprendemos que el discipulado se vive en el día a día, en las pequeñas acciones y decisiones que tomamos. Al emular este amor, no solo fortalecemos nuestras comunidades, sino que también mostramos al mundo que somos verdaderos discípulos de Cristo.

La Obediencia a la Palabra de Dios

La obediencia es un pilar fundamental del discipulado. No se trata solo de seguir reglas, sino de cultivar una relación viva, activa y comprometida con Dios. En esta sección, exploraremos el mandato de Jesús sobre la obediencia y veremos ejemplos bíblicos que destacan su impacto transformador.

La Importancia de la Obediencia
En Juan 14:15, Jesús hace una declaración poderosa:

"Si me amáis, guardad mis mandamientos".

Reflexionemos sobre este pasaje:

- **Amor y Obediencia:** Jesús establece una conexión inseparable entre el amor y la obediencia. Si realmente lo amamos, nuestra respuesta natural será seguir sus enseñanzas. La obediencia se convierte en una expresión de nuestro amor por Él.
- **Obedecer con Gozo:** La obediencia no debe ser vista como una carga, sino como una expresión gozosa de fe. Al obedecer, demostramos nuestra confianza en Dios y nuestra disposición a seguir su voluntad. Este compromiso refleja la profundidad de una relación genuina.

¿Qué significa para ti obedecer a Dios en lo cotidiano? Piensa en un momento en que obedecer sus mandamientos trajo bendición o te ayudó a crecer espiritualmente.

A lo largo de la Biblia, encontramos múltiples ejemplos que ilustran la importancia de la obediencia. Dos de los más impactantes son los de **Abraham** y su disposición a sacrificar a **Isaac**.

A. Abraham y su Disposición a Sacrificar a Isaac:

- En Génesis 22, Dios pone a prueba la fe de Abraham al pedirle que sacrifique a su hijo Isaac. Aunque esto representaba un dolor profundo, Abraham eligió obedecer, confiando plenamente en el plan y en la fidelidad de Dios.
- **Lección de Fe:** La obediencia de Abraham fue recompensada. Dios detuvo el sacrificio y reafirmó su pacto, mostrando que una

obediencia nacida de la fe puede abrir el camino a bendiciones inesperadas y a una relación más íntima con Él.

B. Aplicando la Obediencia en la Vida Diaria del Discípulo:

- La historia de Abraham nos enseña que obedecer a Dios puede implicar sacrificios difíciles, pero también puede conducir a una fe más profunda y a un crecimiento espiritual significativo.
- **Reflexiona sobre tu vida:** ¿Estás dispuesto a obedecer incluso cuando no comprendes completamente el plan de Dios? ¿Qué mandamientos sientes que te desafían en este momento?

La obediencia no siempre es fácil, pero siempre vale la pena. Cada paso de fe que damos nos acerca más al corazón del Padre.

Considera crear un "diario de obediencia": un espacio personal donde anotes los mandamientos que estás tratando de aplicar y las experiencias que vives al esforzarte por obedecer la Palabra de Dios.

Este diario se convertirá en un testimonio íntimo de tu caminar con el Señor, un reflejo del crecimiento espiritual que muchas veces solo se percibe cuando se mira hacia atrás. Además, te ayudará a mantener tu corazón sensible, tu fe activa y tu compromiso renovado.

Recuerda: cada acto de obediencia es una semilla que Dios puede usar para transformar tu vida y la de otros. Que tu diario sea también un altar donde se testifica la fidelidad de Dios día tras día.

La obediencia a la Palabra de Dios es un acto de amor y confianza que nos acerca más a Él. Como discípulos, estamos llamados a vivir de acuerdo con sus mandamientos, reflejando nuestro amor a través de nuestras acciones. La obediencia no es simplemente un cumplimiento de reglas; es una forma de vida que nutre nuestra relación con Dios y nos prepara para ser líderes en el discipulado.

El Impacto del Liderazgo en la Iglesia

El liderazgo en la iglesia tiene un impacto profundo: no solo afecta su estructura organizativa, sino que también influye directamente en el crecimiento espiritual y en la unidad de la comunidad. Cuando los discípulos se convierten en líderes bien formados, la iglesia vive un dinamismo especial. El liderazgo fundamentado en principios bíblicos fomenta una cultura de servicio, unidad y crecimiento colectivo.

Un líder cristiano bien capacitado no solo influye a los miembros de la iglesia con sus palabras, sino también con el ejemplo de su vida. Su capacidad para inspirar a otros a servir y a comprometerse profundamente con el Evangelio es clave para una comunidad vibrante y fuerte. El liderazgo centrado en Cristo genera un ambiente donde cada miembro encuentra su lugar y propósito, sin importar cuál sea su rol.

Efectos Claves del Liderazgo en la Iglesia:

1. **Fomento de una Cultura de Servicio**: Los líderes que practican un espíritu constante de servicio inspiran a la comunidad a adoptar esa misma actitud. Así, el servicio desinteresado se convierte en el motor que impulsa las actividades de la iglesia, desde los ministerios hasta los eventos comunitarios.
2. **Unidad y Colaboración**: Un buen líder cultiva un sentido de pertenencia y cooperación entre los miembros. Al escuchar, guiar y trabajar codo a codo con ellos, contribuye activamente a prevenir divisiones y a fortalecer la unidad del cuerpo de Cristo.
3. **Crecimiento Espiritual Colectivo**: Cuando los líderes discipulan de forma efectiva, no solo forman nuevos discípulos, sino que también cultivan un ambiente donde cada miembro encuentra espacio para crecer espiritualmente. Este impacto se hace evidente cuando los congregantes desarrollan una relación más íntima con Dios, guiados por el ejemplo y la enseñanza de sus líderes.

Una forma práctica de aplicar esto es establecer un programa de mentores en la iglesia, donde líderes emergentes acompañen a pequeños grupos de miembros en su crecimiento espiritual. Este enfoque no solo fortalece vínculos personales, sino que también permite a los nuevos líderes aplicar sus dones en un entorno real.

Más que resultados visibles: El verdadero impacto del liderazgo no se mide por la cantidad de actividades realizadas, sino por la transformación de las vidas que han sido tocadas por su ejemplo. Invita a los líderes a evaluar su influencia escuchando el testimonio de aquellos que han acompañado en el proceso de discipulado.

2
CARACTERÍSTICAS DE UN DISCÍPULO

Si bien el discipulado es un proceso continuo de transformación, existen cualidades clave que todo seguidor de Jesús debe cultivar para que su fe sea evidente, viva y transformadora.

Propósito del Capítulo

Resaltemos esas características fundamentales que no solo definen al discípulo, sino que también lo capacitan para ser un líder en la iglesia y en la vida cotidiana. A medida que desarrollamos estas cualidades, nos acercamos al carácter de Cristo y nos preparamos mejor para guiar a otros en su caminar de fe.

Entre las características que exploraremos están la humildad, la dependencia de Dios, la disposición a servir y la obediencia. Cada una es como un ladrillo en la construcción de un líder firme, maduro y lleno del Espíritu.

Importancia de Desarrollar Estas Características

¿Por qué es vital desarrollar estas cualidades? Un discípulo no solo es alguien que aprende de Cristo, sino que vive como Cristo. Estas características no solo impulsan nuestro crecimiento espiritual, sino que también nos preparan para cumplir la misión de formar a otros. Cuando nuestras vidas reflejan estas cualidades, nuestras acciones se alinean con los propósitos divinos, y nos convertimos en **instrumentos de transformación** en nuestras comunidades.

Además, estas características no solo nos preparan para el liderazgo dentro de la iglesia, sino que también nos capacitan para afrontar los desafíos del mundo con integridad, fe y un testimonio firme.

Te invito a examinar tu propio caminar con Cristo y a identificar las áreas en las que puedes crecer para ser un mejor discípulo y líder. La meta no es la perfección, sino la transformación diaria. Avancemos con humildad, paso a paso, en el camino de parecernos más a Jesús.

Compromiso y Dedicación

Definición de Compromiso y Dedicación

El discipulado no es una tarea ligera ni temporal; es una entrega completa y continua a Cristo y su misión. El compromiso implica una promesa inquebrantable, expresada no solo con palabras, sino con acciones que demuestran fidelidad a Jesús en cada aspecto de la vida. La dedicación es esa entrega hecha visible en un estilo de vida que busca agradar a Dios de forma constante, incluso cuando no resulta conveniente.

El verdadero discípulo no solo **cree** en Cristo, sino que **vive** en Cristo, reflejando su amor, su verdad y su misión de manera diaria. Este llamado requiere una decisión firme: poner a Dios por encima de todo, priorizando su Reino incluso por encima de nuestras propias necesidades y deseos.

Ejemplos Bíblicos de Compromiso

La Biblia está llena de personajes que ejemplifican lo que significa estar verdaderamente comprometidos con Dios. Aquí algunos ejemplos inspiradores:

- **Pablo:** El apóstol Pablo nos enseña que el compromiso con el Evangelio implica **sacrificio**. Él enfrentó prisiones, naufragios, azotes y rechazo, pero jamás retrocedió en su misión de compartir el mensaje de Cristo. Su vida fue un testimonio de dedicación completa. En **Filipenses 3:13-14,** Pablo escribe: "Olvidando ciertamente lo que queda atrás, y extendiéndome a lo que está delante, prosigo a la meta, al premio del supremo llamamiento de Dios en Cristo Jesús."

Esta actitud de enfoque hacia adelante, sin mirar atrás, es una lección clave para todo discípulo comprometido.

- **Nehemías:** Un ejemplo de dedicación en medio de grandes dificultades es **Nehemías**, quien lideró la reconstrucción de los muros de Jerusalén. A pesar de las oposiciones y amenazas, nunca abandonó la obra. Su dedicación a la misión que Dios le encomendó fue tal, que organizó a los obreros para que trabajaran con una mano y se defendieran con la otra. Esto refleja que el compromiso implica **persistencia ante la adversidad**.

Prácticas para Fomentar el Compromiso

Cultivar un compromiso sólido no es automático; se requiere un esfuerzo consciente y un plan de acción. Aquí algunas maneras prácticas de fomentar este compromiso en la vida diaria:

- **Establecer prioridades claras:** Un discípulo comprometido entiende que **Cristo es el centro**. No se trata solo de agregar más actividades espirituales a una agenda llena, sino de estructurar nuestra vida alrededor de Jesús. Evalúa tus prioridades con intención y asegúrate de que el Reino de Dios tenga el primer lugar.
- **Buscar un mentor o compañero de rendición de cuentas:** El compromiso florece en comunidad. Tener a alguien que te acompañe y te motive es crucial. Establece una relación con un mentor que pueda guiarte, aconsejarte y, sobre todo, hacer un seguimiento de tu crecimiento espiritual.
- **Actos diarios de servicio:** El compromiso se demuestra no solo en momentos extraordinarios, sino en los pequeños actos de amor y servicio. Jesús mismo nos enseñó que debemos ser siervos de los demás. Incorpora en tu vida diaria actos de bondad y servicio como una manifestación de tu compromiso con Cristo.
- **Consagración regular:** Apartar tiempos específicos para estar en la presencia de Dios es vital. Ya sea mediante estudio bíblico, ayuno o retiros

espirituales, dedicar tiempos específicos para renovar tu compromiso te mantendrá enfocado y conectado con Dios.

Desafíos y soluciones

Aunque el camino del compromiso tiene sus desafíos, cada uno de ellos puede convertirse en una puerta abierta para fortalecer nuestra fe y dependencia de Dios.

Falta de pasión o enfriamiento espiritual: Uno de los mayores desafíos que enfrentan los discípulos comprometidos es la pérdida del fervor inicial. El agotamiento o la rutina pueden hacer que el entusiasmo disminuya. La solución está en **reavivar el fuego** mediante la adoración y el estudio profundo de la Palabra, recordando siempre la llama con la que iniciaste tu caminar con Cristo.

Dudas o inseguridades personales: A veces, el compromiso se debilita cuando nos sentimos inadecuados o incapaces de cumplir con lo que Dios nos ha pedido. En estos momentos, es crucial recordar que no dependemos de nuestras fuerzas. Como dice **2 Corintios 12:9**:

"Bástate mi gracia; porque mi poder se perfecciona en la debilidad."

La solución es confiar en que Dios proveerá la fuerza necesaria y, a pesar de nuestras limitaciones, Él mismo nos capacita.

Distracciones del mundo: Vivimos en un mundo lleno de distracciones que pueden desviarnos del compromiso con Cristo. Desde las ocupaciones laborales hasta las presiones sociales, es fácil perder el enfoque. La clave para superar esto es practicar la **disciplina espiritual**. Dedica tiempo para reflexionar sobre tus prioridades y asegúrate de nutrir tu relación con Dios con tiempo de calidad cada día.

Mantén el Compromiso en Todo Momento

El compromiso con Cristo no es algo que solo practicamos cuando estamos en la iglesia o en situaciones específicas. El verdadero compromiso se vive en lo cotidiano: en nuestras decisiones diarias y en la manera en que tratamos a los demás. Ser un discípulo de Cristo requiere **coherencia** entre lo que creemos y cómo vivimos. Como dice Santiago 1:22:

"Sed hacedores de la palabra, y no tan solamente oidores, engañándoos a vosotros mismos."

Un verdadero discípulo no solo escucha la Palabra, la pone en práctica. Vivir con dedicación significa que cada aspecto de nuestra vida, como el trabajo, las relaciones y el tiempo libre, debe reflejar nuestra devoción a Cristo.

El compromiso y la dedicación son la columna vertebral del discipulado. No es suficiente decir que seguimos a Cristo; debemos vivir ese compromiso día tras día. Al observar ejemplos bíblicos y aplicar estrategias concretas, podemos convertirnos en discípulos firmes y fieles que reflejan el amor y el carácter de Jesús en el mundo. Es un camino desafiante, pero la recompensa es eterna.

Humildad y Servidumbre

La humildad y la servidumbre son dos cualidades esenciales que definen a un verdadero discípulo de Cristo. Ser humilde no es pensar menos de uno mismo, sino pensar menos en uno mismo: reconocer nuestras limitaciones y la grandeza de Dios, y poner siempre a los demás por encima de nuestras propias necesidades o deseos.

Servidumbre es la acción que surge de un corazón humilde. no se trata solo de hacer tareas, sino de realizarlas con el deseo genuino de glorificar a Dios y beneficiar a otros, reconociendo que el servicio es una manifestación de amor hacia el prójimo. Como discípulos de Cristo, somos llamados a **servir** con alegría, sabiendo que en ello reflejamos el corazón de Jesús.

Ejemplos Bíblicos de Humildad

La Biblia está llena de ejemplos de humildad que nos enseñan cómo vivir de manera semejante a Cristo. Entre ellos, dos destacan por su profundidad y poder de transformación:

Jesús lavando los pies de sus discípulos: Este acto de Jesús, narrado en **Juan 13:1-17**, es una de las expresiones más profundas de humildad y servicio. Aunque era el Maestro y Señor, Él tomó la posición de un sirviente, realizando una tarea considerada la más baja en la cultura de su tiempo. Jesús modeló el verdadero liderazgo: no se trata de exaltarse, sino de humillarse para levantar a otros. En este acto, nos enseña que **el amor se demuestra sirviendo**. Jesús dijo a sus discípulos después de lavarles los pies:

"Si yo, el Señor y Maestro, os he lavado los pies, vosotros también debéis lavaros los pies unos a otros." Juan 13:14

Moisés, el hombre más manso: En **Números 12:3**, la Biblia describe a Moisés como "el hombre más manso de la tierra". A pesar de su posición de liderazgo y las grandes responsabilidades que tenía, Moisés reconocía su total dependencia de Dios y servía al pueblo con paciencia, incluso cuando ellos lo criticaban o se rebelaban. Su humildad lo convirtió en un líder capaz de guiar a Israel a través de las dificultades del desierto.

Estos ejemplos no solo muestran la grandeza de la humildad, sino también cómo esto es indispensable en la vida de un líder espiritual.

La Importancia de la Humildad en el Liderazgo

En el liderazgo cristiano, la humildad es una cualidad esencial que fortalece relaciones y construye una comunidad sólida, ya que inspira confianza y respeto en quienes son guiados. Un líder humilde no busca imponerse, sino que permite que otros crezcan, florezcan y alcancen su máximo potencial. Jesús nos recuerda en **Mateo 23:11**:

"El mayor entre vosotros sea vuestro siervo".
Esto implica que el verdadero liderazgo no consiste en tener poder, sino en usar ese poder para servir. Un líder humilde es accesible, fomenta un ambiente de confianza y contribuye al desarrollo integral de cada miembro en la comunidad de fe. Además, la humildad es un antídoto contra el orgullo, que tantas veces debilita la unidad y daña la efectividad del cuerpo de Cristo.

Prácticas de Servidumbre

La servidumbre no es algo teórico; es una acción tangible. Como discípulos de Cristo, debemos buscar activamente oportunidades para **servir a los demás** en nuestras comunidades, familias e iglesias. Aquí te presento formas concretas de vivir la servidumbre cada día.

Voluntariado en ministerios de la iglesia: Ya sea en el equipo de alabanza, como anfitrión, en el ministerio de niños o en la limpieza, cada pequeño acto de servicio es una expresión de amor y humildad. El voluntariado es una forma de poner las necesidades de la iglesia y de los demás por encima de las nuestras.

- **Apoyo a los necesitados:** Jesús nos llama a amar al prójimo. Esto incluye a aquellos que están en necesidad. Podemos ayudar con donaciones de alimentos, tiempo o recursos, o simplemente ofreciendo una palabra de ánimo a alguien que lo necesita. Servir a los pobres y a los marginados es una forma poderosa de seguir los pasos de Cristo.

- **Servir dentro del hogar:** La servidumbre comienza en casa. Practicar la humildad y el servicio dentro de nuestras familias, ayudando con tareas, cuidando de nuestros seres queridos y mostrando paciencia, es una forma concreta de vivir como discípulos. El hogar es el primer lugar donde debemos reflejar a Cristo.
- **Acompañamiento en tiempos difíciles:** Estar presente para los demás en momentos de dificultad es una de las expresiones más puras de servidumbre. Acompañar en el sufrimiento con amor y sin expectativas es un acto que refleja el corazón tierno y compasivo de Jesús.

Desafíos y Soluciones en la Humildad y Servidumbre

Aunque la humildad y la servidumbre son fundamentales, no siempre son fáciles de practicar. Aquí algunos de los desafíos más comunes y cómo superarlos:

- **Orgullo personal:** Uno de los mayores enemigos de la humildad es el orgullo. Puede manifestarse de maneras sutiles, como el deseo de reconocimiento o la resistencia a recibir corrección. La solución está en cultivar una actitud de oración, pidiendo a Dios que nos examine y nos muestre las áreas donde el orgullo esté influyendo. Recordar que todo lo que hacemos es para la gloria de Dios, no para la nuestra, ayuda a mantenernos humildes.
- **El deseo de control:** Como seres humanos, muchas veces queremos tener el control de todo.

Este deseo puede chocar con la esencia de la servidumbre, que exige soltar el dominio y priorizar a los demás. Una solución práctica es **cultivar el hábito de la entrega diaria a Dios**, confiando en que Él está en control de todas las cosas, y buscando oportunidades de servir sin imponer nuestra voluntad.

- **Cansancio emocional o físico:** A veces, servir puede ser agotador. Cuando nos sentimos abrumados, puede ser difícil mantener un espíritu de humildad. Aquí es donde la **oración y el descanso** juegan un papel clave. Reconocer nuestras limitaciones y buscar tiempo para recargar energías, tanto físicas como espirituales, nos permitirá seguir sirviendo con un corazón dispuesto, alegre y renovado.
- **Expectativas de reconocimiento:** A menudo, podemos caer en la trampa de esperar reconocimiento o reconocimiento por nuestras acciones de servicio. Cuando esto no sucede, podemos sentirnos desanimados o resentidos. Es importante recordar que el **verdadero servicio no busca recompensas** terrenales, sino que lo hacemos por amor a Dios. Mantener esta perspectiva nos ayudará a servir con un corazón puro. Servimos, no para ser vistos, sino para reflejar a Cristo. Esa es nuestra mayor recompensa.

La humildad y la servidumbre son pilares esenciales sobre los que se edifica el discipulado. Siguiendo el ejemplo de Jesús —y de tantos otros líderes bíblicos— estamos llamados a anteponer las necesidades de los demás, a servir en lugar de buscar ser servidos, y a desarrollar una actitud de humildad auténtica. Al vivir de esta manera, no solo caminamos en los pasos de Cristo, sino que también fortalecemos la comunidad de fe y reflejamos con mayor claridad el amor de Dios al mundo.

Fe y Confianza en Dios

Definición de Fe y Confianza en Dios

La fe es el fundamento esencial de nuestra relación con Dios. No se trata solo de creer que Él existe, sino de depositar una confianza total en Su carácter, en Su bondad inmutable y en cada una de Sus promesas, incluso cuando la vida se torna incierta. Vivir con fe implica rendirse por completo a Dios: aceptar Su plan para nuestras vidas y creer que Él actúa con poder y amor, sin importar si el panorama es favorable o desafiante. Creer cuando todo va bien es fácil; confiar cuando todo tiembla, revela la fe verdadera. Fe es rendición, no solo creencia; es entrega sin reservas al control divino.

La Biblia nos enseña que la fe no se trata de ver para creer, sino de **creer aun cuando no vemos**. Como dice **Hebreos 11:1**:

"Es, pues, la fe la certeza de lo que se espera, la convicción de lo que no se ve."

Este versículo nos recuerda que la fe se construye sobre promesas invisibles, no sobre pruebas visibles. Nuestra fe descansa en la certeza de que Dios siempre cumple Su palabra. Y esa seguridad nos llena de esperanza, nos envuelve en paz y nos fortalece, incluso en medio de las pruebas más duras. Fe no es la ausencia de lucha, es la presencia de Dios en medio de la tormenta.

Ejemplos bíblicos de fe

La Biblia nos presenta una galería de hombres y mujeres cuya fe inquebrantable brilló en medio de pruebas que parecían imposibles de superar. Cada uno de ellos nos recuerda que la fe verdadera florece en terrenos difíciles. Dos ejemplos sobresalientes son:

- **Abraham, el padre de la fe:** Dios le pidió a Abraham lo impensable: ofrecer en sacrificio a Isaac, el hijo que había sido prometido tras años de espera. Aunque el mandato parecía incomprensible, Abraham no vaciló. Su corazón confiaba en que Dios, aún quitando, podía devolver la vida. Esa obediencia radical, narrada en Génesis 22:1-18, reveló una fe que no razonaba con lógica humana, sino con certeza divina. La fe de Abraham no solo marcó su generación, sino que sigue siendo un modelo de confianza absoluta en el carácter de Dios. Creer cuando todo tiene sentido es humano; obedecer cuando nada lo tiene, eso es fe.
- **David frente a Goliat:** David, aún joven y sin experiencia militar, se enfrentó a Goliat, el temido gigante filisteo. Lo que lo distinguía no era su fuerza ni su armamento, sino su fe inquebrantable en que Dios pelearía por él. Con una confianza desbordante, declaró: "Tú vienes contra mí con espada y lanza, pero yo vengo contra ti en el nombre del Señor Todopoderoso" (1 Samuel 17:45). David

no se apoyó en sus propias capacidades, sino en el poder de Dios, y esa fe le dio la victoria que muchos consideraban imposible. Cuando la fe lidera nuestros pasos, los gigantes más grandes caen sin resistencia.

Fortalecimiento de la Fe

- **La fe es como un músculo espiritual:** cuanto más la ejercitamos, más fuerte se vuelve. Y como todo crecimiento, requiere intención, constancia y práctica. A continuación, algunas formas esenciales de cultivar una fe robusta y viva:
- **Oración constante:** La oración es el hilo invisible que nos conecta al corazón de Dios. A través de ella depositamos nuestras cargas, expresamos gratitud, y buscamos dirección. Es en la intimidad de la oración donde nuestra fe se arraiga, se nutre y se fortalece, recordándonos que no estamos solos en ningún momento. Cada oración es una semilla de fe sembrada en tierra fértil: siempre da fruto, aunque a veces en silencio.
- **Estudio diligente de la Palabra de Dios:** La Biblia es un cofre de promesas vivas y relatos de fidelidad eterna. Al sumergirnos en sus páginas, descubrimos el carácter inmutable de Dios, Su amor constante y Su poder transformador. Estudiar la Palabra no solo informa nuestra mente, sino que enciende nuestra fe con cada historia de redención, provisión y esperanza. Conocer la Palabra es conocer al Autor de nuestra fe.
- **Participación en la comunidad de fe:** La fe crece mejor en comunidad. Al rodearnos de otros creyentes, encontramos aliento, sabiduría comparti-

da y fuerzas renovadas en los momentos difíciles. La iglesia es el cuerpo de Cristo, un espacio donde el amor se hace tangible, y donde los testimonios de otros avivan nuestra esperanza, recordándonos que el Dios de ayer sigue obrando hoy. Caminar en comunidad es recordar que no estamos solos ni en la fe, ni en la batalla.

La Fe en tiempos de prueba

La vida cristiana no está libre de dificultades. De hecho, es precisamente en los tiempos de prueba donde la fe se vuelve más preciosa y significativa. Las pruebas nos invitan a confiar en Dios de formas que tal vez nunca habíamos considerado, llevándonos a una dependencia más profunda de Su presencia, y a aprender a caminar por fe, no por vista.

Jesús fue claro con nosotros: "En el mundo tendréis aflicción; pero confiad, yo he vencido al mundo" (Juan 16:33). Esta declaración no solo reconoce la realidad del dolor, sino que nos llena de esperanza. En medio de las luchas, la fe nos ayuda a mirar más allá de lo visible y a sostenernos en la verdad de que Dios está obrando, incluso cuando no entendemos cómo.

Hay momentos en los que nuestras oraciones parecen no tener respuesta, o cuando la respuesta no es la que esperábamos. Es ahí donde la fe se convierte en un ancla: firme, constante, segura. Nos recuerda que Dios tiene el control, que Sus tiempos son perfectos, y que Su amor nunca falla.

Testimonios de Fe

Nada enciende tanto la esperanza como escuchar que Dios ha sido real, presente y fiel en la vida de otros. Los testimonios son huellas vivas del poder de la fe actuando en el mundo. Nos recuerdan que no estamos solos en nuestro caminar, que otros también han enfrentado desiertos, y que en medio de esos valles, Dios ha respondido con amor, poder y propósito.

Cada historia compartida se convierte en una semilla que fortalece corazones y despierta nuevas convicciones. Son faros que iluminan el camino de quienes están atravesando oscuridad, y un recordatorio constante de que el mismo Dios que obró ayer, sigue obrando hoy.

A continuación, te compartimos algunos ejemplos de cómo la fe ha transformado vidas reales y ha dejado una marca imborrable en quienes confiaron plenamente en Dios.

- **El poder de la fe en la enfermedad:** Marta era una mujer de fe sencilla pero firme. Cuando recibió el diagnóstico de una enfermedad terminal, el mundo pareció detenerse para ella y su familia. Los médicos no ofrecían esperanza, pero Marta nunca soltó la mano de Dios. Cada día era una batalla entre el temor y la confianza, pero ella eligió orar, adorar y declarar las promesas de sanidad sobre su vida. Contra todo pronóstico, Marta fue sanada. Su vida se convirtió en un testimonio vivo de que Dios aún hace milagros, y su historia ha encendido la fe de quienes la rodean.

- **Fe en tiempos de incertidumbre financiera:** Pedro, un empresario cristiano, vio cómo su negocio comenzaba a desmoronarse en medio de una crisis económica. Las deudas aumentaban y las puertas se cerraban una tras otra. Pero en lugar de rendirse o actuar por desesperación, Pedro se arrodilló. Decidió confiar en Dios más que en sus propios recursos, y buscó dirección a través de la oración y la comunidad de creyentes que lo rodeaba. Con el tiempo, Dios abrió caminos inesperados, envió provisión, y no solo salvó la empresa, sino que la llevó a un crecimiento aún mayor. Hoy, Pedro habla de ese tiempo como una escuela de fe, donde aprendió que el que confía en Dios nunca queda avergonzado.

Estos testimonios nos recuerdan que la fe no es una teoría ni un concepto lejano: es una fuerza viva que transforma lo imposible en posible. Cuando elegimos creer, incluso en medio del dolor o la incertidumbre, le abrimos la puerta a Dios para que actúe con poder, a Su manera y en Su tiempo. Y cuando Él actúa, la gloria siempre es mayor que el temor que enfrentamos.

Un Camino de Confianza y Transformación

La fe y la confianza en Dios no son simples accesorios en la vida del discípulo; son el eje que sostiene todo. Es por medio de la fe que aprendemos a caminar con los ojos puestos en lo invisible, a escuchar la voz de Dios en medio del ruido del mundo y a mantenernos firmes aun cuando todo tiembla a nuestro alrededor. Confiar en Él no siempre es fácil, pero siempre es seguro. Porque nuestro Dios no falla. Él camina con nosotros en las tormentas, nos habla en la quietud, y nos levanta cuando sentimos que ya no podemos más. Cada paso de fe nos acerca más a Su corazón y a Su propósito para nuestra vida.

Los testimonios de otros creyentes, las prácticas espirituales diarias, y los relatos poderosos que la Biblia nos deja, son faros que nos recuerdan que no estamos solos. Que otros también han pasado por valles profundos, y han salido fortalecidos porque Dios nunca los soltó. Y así hará también con nosotros.

Al llegar al final de este capítulo, es el momento perfecto para hacer una pausa… cerrar los ojos por un instante y preguntarnos: ¿cómo está mi corazón como discípula? Ser seguidora de Cristo no es una etiqueta, es una forma de vivir que se refleja en cada decisión, en cada palabra, en cada acto de amor y entrega.

Los pilares que hemos recorrido —el compromiso profundo, la humildad genuina, el servicio desinteresado y la fe que confía sin ver— no son ideas para admirar desde lejos. Son semillas que deben crecer dentro de nosotras, transformando nuestra forma de amar, de liderar, de vivir.

Porque ser discípula de Cristo no es un destino al que llegamos, sino un camino que elegimos recorrer cada día, con pasos sinceros y con la mirada fija en Aquel que nos llamó. Y mientras caminamos, Él nos forma, nos moldea… y nos hace más como Él.

Reflexión

- ¿Qué tan comprometidos estamos realmente con el llamado de Cristo a ser Sus discípulos? ¿Estamos dedicando nuestras vidas, nuestro tiempo y nuestros recursos a Su causa, tal como lo hizo Pablo o Rut?
- ¿Exhibimos un espíritu de humildad y servidumbre en nuestra vida diaria? ¿Buscamos activamente las oportunidades para servir a los demás como Jesús sirvió a Sus discípulos?
- ¿Enfrentamos nuestras pruebas con una fe inquebrantable, confiando en Dios incluso cuando no podemos ver claramente el camino? ¿Nuestra confianza en Él se refleja en nuestras decisiones, actitudes y acciones cotidianas?

Estas preguntas nos invitan a mirar hacia dentro y evaluar nuestra propia **caminata de discipulado**. A menudo, es más fácil admirar las virtudes de otros que ver nuestras propias áreas de crecimiento. Pero el discipulado nos llama a un constante **crecimiento** y transformación.

Es tiempo de poner en práctica lo que hemos aprendido. Aquí algunas acciones concretas que puedes tomar para cultivar estas características en tu vida:

1. **Comprométete con un área de servicio específico en tu iglesia o comunidad**, donde puedas contribuir de manera significativa, dedicando tiempo y esfuerzo a fortalecer el Reino de Dios.
2. **Practica la humildad efectiva**: Cada semana, busca una manera de servir a alguien más, ya sea

a través de actos de bondad, asistencia a los necesitados o simplemente brindando apoyo emocional.
3. **Fortalece tu fe**: Establece una rutina diaria de oración y estudio bíblico. Si estás enfrentando una prueba, acércate a Dios con confianza, sabiendo que Él es fiel. Considera también compartir tu historia de fe con otros, ya sea en grupos pequeños o en tu comunidad, para animar a quienes también están luchando.
4. **Rodéate de una comunidad de fe**: Busca amigos, mentores o grupos en la iglesia que te apoyen en tu crecimiento espiritual. No camines solo, sino en comunión con otros creyentes que te ayudarán a mantener tu compromiso con Cristo.

El llamado de Cristo a ser Sus discípulos no es una invitación ligera, sino un reto constante a vivir de una manera que refleje Su amor, Su humildad y Su poder. Cada creyente está llamado a responder con decisión y entrega, permitiendo que Dios transforme su vida desde lo más profundo. En esa transformación diaria, encontramos propósito, dirección y la verdadera esencia del liderazgo cristiano.

3
EL PROCESO DE FORMAR DISCÍPULOS

Este capítulo desglosa el proceso esencial para formar discípulos, destacando las etapas que comprenden la identificación, el llamado, la enseñanza, la capacitación y la mentoría. Un proceso claro y bien definido no solo facilita el desarrollo espiritual de los nuevos discípulos, sino que también fortalece a toda la iglesia, promoviendo un ambiente de crecimiento y madurez espiritual.

Identificación y Llamado: La identificación implica reconocer a aquellas personas que muestran disposición y apertura para seguir a Cristo, mientras que el llamado se refiere a la invitación a caminar con Él y participar activamente en el proceso de discipulado.

Ejemplos bíblicos del llamado: Analicemos cómo Jesús llamó a sus primeros discípulos, como Simón Pedro y Andrés, y el caso de Saulo, quien fue transformado en Pablo. En ambos casos, el llamado no solo fue una invitación, sino también un punto de quiebre que transformó completamente el rumbo de sus vidas.

La Importancia de Escuchar la Voz de Dios: Es fundamental que los líderes estén en sintonía con el

Espíritu Santo para identificar a aquellos que han sido llamados a ser discípulos. Este discernimiento espiritual permite ver más allá de las apariencias y captar lo que Dios está haciendo en el corazón de las personas. Escuchar la voz de Dios no solo guía el proceso de llamado, sino que también capacita al líder para acompañar a otros en el descubrimiento y la respuesta a ese llamado.

Prácticas para Identificar y Llamar Discípulos: Existen diversas estrategias que pueden facilitar este proceso. Una de ellas es la oración específica, pidiendo a Dios discernimiento para ver con claridad a quién acercarse. Otra práctica efectiva es hacer invitaciones personales y directas, mostrando interés genuino por la vida espiritual del otro. Además, es vital estar atentos a las necesidades, dones y búsquedas espirituales de la comunidad, ya que muchas veces allí se revelan los futuros discípulos.

Desafíos y Soluciones: Durante la etapa de identificación y llamado, pueden surgir varios retos significativos. Entre ellos, la falta de interés, la apatía espiritual, o incluso la resistencia al cambio por parte de quienes están siendo llamados. Estos obstáculos, aunque comunes, no son insuperables. Una de las soluciones más efectivas es crear un ambiente acogedor, donde las personas se sientan valoradas y comprendidas. El apoyo constante, la escucha activa y la paciencia son claves para romper barreras y generar confianza. Además, el testimonio coherente de los líderes y mentores puede inspirar y animar a otros a dar ese primer paso en el camino del discipulado.

Enseñanza y Capacitación: Una vez iniciado el proceso, la siguiente etapa crucial es la enseñanza. Aquí se trata de impartir verdades bíblicas sólidas, que sirvan de fundamento para una fe madura. No se trata solo de información, sino de formación espiritual. Paralelamente, la capacitación busca desarrollar habilidades prácticas que permitan al discípulo vivir su fe con autenticidad: desde aprender a orar, estudiar la Biblia y servir a otros, hasta compartir el evangelio con convicción. Es un proceso integral que transforma la mente y el corazón, y equipa para la acción.

Métodos de Enseñanza Efectivos: Existen múltiples formas de impartir conocimiento y formar discípulos, y cada comunidad puede adaptarlas según su realidad y contexto. Las clases formales, por ejemplo, permiten un abordaje sistemático de la doctrina y temas esenciales de la fe. Los grupos de estudio, por otro lado, promueven la participación activa, el diálogo y el crecimiento en comunidad. A esto se suman los discipulados uno a uno, que brindan una atención más personalizada y profunda. El uso de recursos visuales, aplicaciones digitales, devocionales y dinámicas prácticas también puede enriquecer el proceso, facilitando la comprensión y aplicación de las enseñanzas. La clave está en combinar métodos que sean tanto bíblicamente sólidos como culturalmente relevantes.

La Importancia de la Palabra de Dios: En el centro de todo proceso de enseñanza y capacitación debe estar la Biblia. No hay verdadera formación sin un arraigo profundo en la Palabra de Dios. Ella es la brújula que orienta, el alimento que nutre y la espada que transforma. Por eso, es vital que cada discípulo desarrolle hábitos consistentes de lectura, estudio y meditación bíblica. El conocimiento de las Escrituras no debe quedarse en la mente, sino llegar al corazón y manifestarse en la vida diaria. Cuando los discípulos aprenden a amar, obedecer y proclamar la Palabra, se convierten en instrumentos eficaces en las manos del Maestro.

Prácticas de Capacitación: Para que la enseñanza no quede solo en teoría, es vital implementar actividades prácticas que ayuden a los discípulos a aplicar lo aprendido en su vida diaria. Talleres interactivos, retiros espirituales y ejercicios basados en situaciones reales son herramientas poderosas para reforzar los principios bíblicos y fomentar la madurez espiritual. Estas prácticas permiten que el conocimiento se convierta en experiencia vivida, y no simplemente en información acumulada.

Desafíos y Soluciones: Uno de los principales retos en la enseñanza y capacitación de discípulos es la falta de tiempo o de recursos disponibles. Muchos líderes y discípulos enfrentan agendas saturadas o limitaciones logísticas. Para superar estos obstáculos, es clave diseñar un plan de estudios flexible que se adapte a los diferentes ritmos de vida, e incorporar recursos digitales como videos, podcasts, guías descargables y plataformas de aprendizaje virtual. La creatividad y la sensibilidad a las necesidades del grupo permitirán una formación más accesible y efectiva.

Mentoría y Acompañamiento

La mentoría no es simplemente un rol funcional dentro del proceso de discipulado, sino una relación profunda, intencional y transformadora. Se trata de que un líder con más experiencia camine junto al discípulo, brindándole guía, apoyo, corrección y ánimo en su jornada espiritual. Por su parte, el acompañamiento es la disposición de estar presente en los momentos clave de la vida del discípulo: sus luchas, sus victorias, sus dudas y su crecimiento.

Ejemplos Bíblicos de Mentoría: Dos ejemplos poderosos en las Escrituras ilustran la importancia de la mentoría: la relación entre Pablo y Timoteo, y la de Elías y Eliseo. Pablo no solo instruyó a Timoteo en la doctrina, sino que lo formó como líder, lo animó en medio de sus temores y le confió responsabilidades importantes. Asimismo, Elías preparó a Eliseo con un acompañamiento cercano, y antes de partir, dejó sobre él una doble porción de su espíritu. Estas relaciones muestran cómo la mentoría moldea el carácter, fortalece la fe y multiplica el impacto del ministerio.

La Importancia de las Relaciones: El discipulado no es un proyecto aislado, es una caminata compartida. Las relaciones son el puente por el cual fluye la transformación. A través del acompañamiento, se crea un ambiente de confianza donde el discípulo se siente libre de abrir su corazón, compartir sus luchas y celebrar sus triunfos. Cuando los lazos son genuinos, el discipulado deja de ser una teoría para convertirse en una vivencia real, marcada por el amor, el compromiso y la empatía.

Prácticas de Mentoría: La mentoría efectiva se construye con intencionalidad. Algunas prácticas que pueden fortalecer este vínculo son: mantener reuniones regulares de seguimiento, brindar consejos que se conecten con las realidades del discípulo, y sobre todo, ser un ejemplo vivo de lo que se enseña. Un mentor no solo habla, sino que encarna los valores del Reino. A veces, un gesto, una reacción o una decisión sabia habla más que mil palabras.

Desafíos y Soluciones: Como en todo proceso significativo, también surgen obstáculos. Algunos líderes pueden sentir que no tienen tiempo suficiente o que carecen de habilidades comunicativas para mentorear. Ante esto, se recomienda establecer tiempos definidos para los encuentros, ofrecer capacitación específica en mentoría y acordar desde el inicio expectativas claras tanto para el mentor como para el discípulo. La clave está en no rendirse ante las dificultades, sino verlas como parte del crecimiento compartido.

El llamado al discipulado no es exclusivo para pastores o líderes visibles, es una invitación extendida a todo creyente que desea ser parte activa del Reino de Dios. Tú, con tus dones, tus experiencias y tu caminar con Cristo, puedes hacer una diferencia eterna en la vida de alguien.

Comienza orando: pide al Señor que te muestre a quién puedes acompañar en este viaje de fe. Luego, mantente atenta a las oportunidades cotidianas

—una conversación después del servicio, una visita inesperada, una necesidad compartida— y no subestimes el poder de los pequeños comienzos. Tal vez ese saludo intencional o ese mensaje de ánimo sea el inicio de una relación de discipulado que transforme vidas.

Recuerda que no se trata de tener todas las respuestas, sino de estar dispuesta a caminar junto a otro con humildad, verdad y amor. La Iglesia crece no solo en número, sino en profundidad, cuando sus miembros se convierten en formadores de otros. Así se multiplica el Reino: una vida tocando otra, una semilla a la vez.

4
HERRAMIENTAS PARA EL DISCIPULADO

El proceso de formar discípulos no solo requiere un compromiso constante, sino también herramientas efectivas que promuevan el crecimiento espiritual. A lo largo de este capítulo, exploraremos algunos recursos clave que todo discipulador debe tener a su disposición. Desde la Biblia como fundamento, pasando por la oración, hasta otros recursos complementarios, estas herramientas fortalecen tanto al discipulador como al discípulo en su fe y conocimiento de Dios.

La Biblia como guía

La Biblia es el punto de partida del discipulado cristiano. No es simplemente un libro de instrucciones, sino la Palabra viva de Dios, que transforma vidas y revela la verdad de Su plan para la humanidad. En sus páginas encontramos el plan de salvación, las enseñanzas de Jesús y principios para una vida que agrada a Dios. Hebreos 4:12 nos recuerda: "Porque la palabra de Dios es viva y eficaz, y más cortante que toda espada de dos filos...". Esto destaca cómo la Escritura no solo nos guía, sino que también nos transforma y nos prepara para servir en el Reino de Dios. El estudio constante de la Biblia permite a los discípulos no solo aumentar en conocimiento, sino también desarrollar un discernimiento espiritual más profundo, ayudándoles a tomar decisiones basadas en la verdad de Dios. Además, la Palabra actúa como un filtro moral y ético, guiándonos en el camino correcto en un mundo lleno de distracciones.

¿Cómo ha impactado la lectura de la Biblia en tu vida diaria?

Establece un horario diario para leer la Biblia. Puedes enfocarte en un libro o tema específico durante el mes y luego compartir tus reflexiones con otros en tu grupo de discipulado. Este pequeño hábito, cuando se convierte en constancia, produce frutos duraderos en tu crecimiento espiritual.

La Oración como Fuente de Fortaleza

La oración es nuestra línea directa con Dios. A través de ella no solo presentamos nuestras peticiones, sino que también sintonizamos con Su voluntad y aprendemos a escuchar Su voz. Jesús nos mostró con Su ejemplo que la oración debe estar presente en todo momento, incluso en las etapas más desafiantes del ministerio. Para un discípulo, la oración no debe ser solo una respuesta ante las dificultades, sino una parte integral de su vida diaria.

Orar es más que hablar con Dios; es un acto de humildad en el que nos rendimos a Su voluntad, pidiéndole que nos guíe, nos forme y nos transforme. Este hábito es fundamental en el proceso de discipulado, pues ayuda al discípulo a mantener una relación cercana con el Señor y a depender de Él en todas las circunstancias.

Consejos para fortalecer tu vida de oración

- **Establece un horario regular:** Encuentra un momento del día que te permita estar en comunión con Dios, ya sea al comenzar o al terminar tu jornada. La constancia en la oración fortalece tu relación con Él y te ayuda a comenzar o cerrar cada día con propósito y paz.

- **Ora con la Escritura:** Usa versículos bíblicos como punto de partida para tus oraciones. La Palabra te ayuda a centrar tu corazón, profundiza tu comunión con Dios y alinea tus palabras con Su voluntad. ¡Es como orar con Su voz guiándote!

- **Lleva un diario de oración:** Anota tus conversaciones con Dios, tus peticiones, tus cargas y las respuestas que Él te da. Con el paso del tiempo, ese cuaderno se convertirá en un testimonio vivo de Su fidelidad, y al leerlo nuevamente, verás cuán presente ha estado en cada etapa de tu vida.

Qué podrías hacer hoy para fortalecer tu vida de oración?

Recursos Adicionales y Materiales de Apoyo

El discipulado no se limita solo al estudio bíblico y la oración. Existen muchos otros recursos que enriquecen la experiencia del discipulado, ayudando a los discípulos a crecer y profundizar en su fe. Estos materiales de apoyo son como herramientas adicionales que complementan el proceso de enseñanza y aprendizaje.

Herramienta	Función	Recomendación
Devocionales diarios	Facilitan la reflexión y aplicación de la Palabra a lo cotidiano.	Busca devocionales temáticos que complementen el estudio grupal o personal.
Estudios bíblicos guiados	Profundizan en temas o libros específicos de la Biblia.	Selecciona estudios que incluyan preguntas de reflexión y ejercicios prácticos.
Videos y podcasts cristianos	Refuerzan el aprendizaje con contenido visual y auditivo.	Escoge sermones, series o talleres alineados con la sana doctrina para nutrir el crecimiento.
Libros cristianos	Amplían el conocimiento con ejemplos prácticos.	Busca autores recomendados y con un enfoque bíblico sólido, para enriquecer las discusiones.

Estos recursos permiten diversificar el aprendizaje y mantener una formación constante, no solo teórica, sino también práctica. Proporcionan apoyo adicional y ayudan a los discipuladores a ofrecer más herramientas a los discípulos para su crecimiento espiritual.

Consejos Prácticos para el Discipulado

Es fundamental que el proceso de discipulado sea organizado, efectivo y que conecte las enseñanzas bíblicas con la vida diaria. A continuación, se presentan algunos consejos prácticos con ejemplos específicos que pueden ayudarte a implementar estas ideas en tu ministerio:

Consejo	Ejemplo práctico
Establece una estructura	Programa reuniones regulares con temas claros. Ejemplo: crea un calendario mensual donde cada semana se estudie un tema específico, como el servicio o la fe.
Diversifica los métodos	Alterna entre estudios bíblicos, actividades prácticas y debates grupales. Ejemplo: organiza una jornada de servicio a la comunidad y luego reflexionen en grupo sobre la experiencia.
Crea espacios de retroalimentación	Realiza sesiones de preguntas y respuestas o "círculos de diálogo" donde los discípulos compartan sus avances, dudas y aprendizajes.
Conecta la teoría con la práctica.	Después de cada lección, organiza una actividad para aplicar lo aprendido. Ejemplo: tras estudiar el tema del perdón, guía a los discípulos en un ejercicio de reflexión sobre a quién deben perdonar y cómo hacerlo.

Estas estrategias no solo ayudan a mantener el compromiso y la atención del discípulo, sino que también permiten que las enseñanzas tengan un impacto real en su vida diaria. La clave está en lograr que el discipulado sea interactivo, práctico y relevante.

5

DESAFÍOS EN EL DISCIPULADO

Superando Obstáculos y Dificultades

El discipulado no está exento de desafíos. A menudo, los discipuladores enfrentan situaciones como la falta de recursos, el desánimo de los discípulos o incluso el rechazo por parte de la comunidad. Sin embargo, estos obstáculos pueden convertirse en oportunidades de crecimiento. La clave está en encontrar soluciones creativas y mantener una actitud resiliente.

Ejemplos prácticos para superar obstáculos:

- **Falta de recursos:** Si los recursos son limitados, utiliza lo que tienes de manera eficaz. Los grupos pequeños pueden compartir materiales de estudio, y muchas iglesias ya han adoptado plataformas digitales para la enseñanza.
- **Desánimo:** El discipulado requiere paciencia. Acompaña a tus discípulos en momentos difíciles, recordándoles las promesas de Dios en Su Palabra. Los testimonios personales y los versículos de aliento pueden ser herramientas poderosas para levantar el ánimo.

- **Críticas y oposición:** Es normal enfrentar resistencia o críticas, incluso dentro de la comunidad cristiana. Mantén tu enfoque en Cristo y recuerda que la fidelidad a la Palabra de Dios es más importante que la aprobación humana.

Manteniendo la motivación

Mantener la motivación, tanto para el discipulador como para el discípulo, puede ser un desafío a largo plazo. Es fundamental que el proceso no se convierta en una rutina sin propósito, sino que cada encuentro sea un recordatorio del llamado divino al crecimiento espiritual.

Consejos para mantener la motivación:

- **Reavivar la visión:** Recuerda continuamente el propósito del discipulado: formar discípulos de Cristo que impacten el mundo. Mantén viva esta visión a través de la oración, la reflexión y el testimonio de vidas transformadas.
- **Celebrar pequeños logros:** Reconoce el progreso de los discípulos, por pequeño que sea. Celebrar estos avances puede motivar a seguir adelante, incluso en tiempos de desánimo.
- **Renovar la enseñanza:** Introducir dinámicas nuevas, estudios de casos bíblicos o actividades prácticas puede ayudar a que el proceso de discipulado se mantenga fresco y dinámico.

El Papel de la Comunidad Cristiana

La comunidad cristiana es un pilar esencial para el discipulado. No solo proporciona un entorno de apoyo, sino que también sirve como un espacio donde los discípulos pueden poner en práctica lo aprendido. El apoyo mutuo y el sentido de pertenencia refuerzan el compromiso de todos los involucrados.

Cómo fortalecer la comunidad:

- **Grupos de apoyo:** Crear grupos pequeños de discipulado dentro de la iglesia fomenta relaciones más cercanas y personalizadas. Estos grupos brindan la oportunidad de compartir experiencias, orar juntos y ofrecer apoyo en tiempos de dificultad.
- **Espacios de participación:** La comunidad es también un lugar donde los discípulos pueden servir. Participar en ministerios y actividades dentro de la iglesia permite aplicar los principios aprendidos y desarrollar liderazgo.
- **Mentoría mutua:** Fomentar una cultura donde los miembros más experimentados acompañen a los más jóvenes o nuevos en la fe fortalece la comunidad y el crecimiento espiritual de todos.

6

EL LIDERAZGO EMERGENTE DE LOS DISCÍPULOS

Identificación de Líderes Potenciales

El proceso de discipulado no solo busca transformar vidas, sino también formar líderes que puedan guiar a otros en su caminar con Cristo. A medida que los discípulos crecen en su fe, el siguiente paso natural es identificar a aquellos que muestran cualidades de liderazgo, como el compromiso con la obra de Dios, una actitud de servicio y una disposición para aprender.

Cómo Reconocer Líderes Potenciales

Identificar a un líder emergente no siempre es sencillo. Algunas personas pueden no destacar de inmediato, pero muestran un crecimiento constante y fidelidad en las pequeñas responsabilidades. Aquí algunos puntos clave a observar:

- **Compromiso Consistente:** Un líder potencial es alguien que se toma en serio su relación con Dios y sus responsabilidades. Son personas que llegan a tiempo, cumplen sus tareas y están disponibles

para ayudar cuando es necesario.
- **Habilidad para Relacionarse con Otros:** Un buen líder es alguien que sabe escuchar, apoyar y conectarse con las personas a su alrededor. Los líderes emergentes suelen ser aquellos a quienes otros ya recurren en busca de consejo o apoyo.
- **Iniciativa:** Más allá de simplemente seguir instrucciones, un líder potencial busca formas de mejorar, aportar nuevas ideas y liderar con creatividad y pasión.

En las cartas de Pablo, vemos cómo identifica y forma a Timoteo como un joven líder en la iglesia. A través de la enseñanza y la mentoría, Pablo le proporciona las herramientas necesarias para convertirse en pastor y ejemplo para otros. Este proceso nos muestra que la identificación de un líder requiere paciencia y acompañamiento cercano.

Desarrollo de Habilidades de Liderazgo

El liderazgo no es solo una posición, sino un conjunto de habilidades que pueden —y deben— desarrollarse en quienes muestran un llamado y una disposición para guiar. En el contexto del discipulado, formar líderes emergentes implica ayudarlos a adquirir competencias esenciales que no solo los preparen para servir en la iglesia, sino también para enfrentar los retos del mundo secular con principios cristianos.

Habilidades Claves

Comunicación Efectiva Un líder debe ser capaz de

transmitir ideas, visiones y enseñanzas de manera clara y comprensible. Fomentar una comunicación abierta y honesta es fundamental para construir relaciones sólidas y evitar malentendidos. Por ejemplo, en una reunión de grupo, invitar a los discípulos a expresar sus ideas y pensamientos fortalece esta habilidad, ya que promueve un diálogo saludable y respetuoso.

Atención Activa: El liderazgo no consiste solo en hablar, sino también en saber escuchar con empatía y sensibilidad las necesidades de los demás. Prestar atención genuina al otro crea un ambiente de confianza. Espacios como pequeños grupos de discusión, donde todos se sientan valorados y escuchados, son ideales para ejercitar esta competencia.

Toma de Decisiones Basada en Principios: La capacidad de tomar decisiones sabias y alineadas con los valores del Reino es esencial. En el discipulado, se debe enseñar a los futuros líderes a decidir con base en principios bíblicos. Esto puede incluir el estudio de situaciones complejas en la Biblia —como las decisiones de Moisés, Daniel o Pablo— y cómo aplicar esas enseñanzas a los desafíos actuales, tanto en la iglesia como en la vida diaria.

Resolución de conflictos: Los desacuerdos son inevitables en toda comunidad, incluso en el contexto cristiano. Por eso, un líder debe estar preparado para manejar las diferencias con sabiduría, justicia y amor. Enseñar a los discípulos principios bíblicos de reconciliación, así como técnicas básicas de mediación, les permitirá preservar la unidad y promover una cultura de paz dentro de la iglesia. Recordemos que Jesús nos llamó a ser pacificadores (Mateo 5:9), y este llamado comienza con nuestras relaciones más cercanas.

Tip importante: Anima a los discípulos a buscar oportunidades para practicar estas habilidades no solo dentro de la iglesia, sino también en su día a día: en el hogar, en el trabajo, con amigos o vecinos. La vida cotidiana es el terreno ideal donde se forman y prueban los verdaderos líderes. Resolver conflictos con humildad y madurez en estos entornos demuestra que el carácter de Cristo está siendo formado en ellos.

El Impacto del Liderazgo en la Iglesia

El liderazgo dentro de la iglesia tiene un impacto profundo, no solo en la estructura organizativa, sino también en el crecimiento espiritual y la unidad de la comunidad. Cuando los discípulos se convierten en líderes bien formados, la iglesia experimenta un dinamismo especial, porque el liderazgo basado en principios bíblicos impulsa una cultura de servicio, amor y crecimiento colectivo.

Un líder cristiano bien capacitado no solo influye con sus palabras, sino, sobre todo, con su ejemplo de vida. Su testimonio inspira a otros a servir, a comprometerse con pasión al Evangelio y a descubrir su llamado. El liderazgo centrado en Cristo crea un ambiente donde cada miembro de la iglesia se siente valorado, comprendido y con un propósito claro, sin importar el rol que desempeñe. Cuando el liderazgo refleja el corazón de Jesús, toda la comunidad florece.

Efectos Claves del Liderazgo en la Iglesia:

- **Fomento de una Cultura de Servicio:** Los líderes que practican un espíritu de servicio constante inspiran a la comunidad a adoptar esa misma actitud. El servicio desinteresado se convierte así en el motor que impulsa las actividades de la iglesia, desde los ministerios hasta los eventos de alcance comunitario.

- **Unidad y Colaboración:** Un líder cristiano promueve un ambiente de pertenencia y trabajo en equipo. Al escuchar activamente, guiar con humildad y trabajar hombro a hombro con los demás, contribuye a prevenir divisiones y fortalecer la armonía dentro del cuerpo de Cristo.

- **Crecimiento Espiritual Colectivo:** Cuando los líderes discipulan con eficacia, no solo están formando nuevos seguidores de Cristo, sino también cultivando un entorno donde cada miembro puede desarrollarse espiritualmente. Este crecimiento se refleja en una comunidad que se apasiona por buscar a Dios, motivada por el ejemplo y la guía de sus líderes.

Considere un programa de mentores en la iglesia, donde los líderes emergentes se asignan a pequeños grupos de miembros para acompañarlos en su crecimiento personal. Esto no solo permite una relación más cercana y personalizada, sino que también da la oportunidad a los nuevos líderes de aplicar sus habilidades en un contexto real.

El verdadero impacto del liderazgo no se mide solo por la cantidad de actividades o proyectos realizados, sino por la transformación de las vidas de aquellos que siguen el ejemplo de los líderes. Invita a los líderes a evaluar su influencia mediante el testimonio de aquellos a quienes están disciplinando.

7

TESTIMONIOS DE VIDA

En el discipulado, las historias de vida reales son una fuente poderosa de inspiración. Cada discípulo que ha decidido seguir a Cristo tiene un testimonio único que refleja el poder transformador del Evangelio. Estas historias no solo sirven como ejemplo para otros creyentes, sino que también muestran cómo la obediencia y la fe pueden cambiar vidas profundamente.

Transformación a través de la Fe Juan era un hombre que enfrentaba serias dificultades financieras y familiares. Sin embargo, a través del discipulado y su entrega total a Cristo, encontró una nueva perspectiva para vivir. Su testimonio refleja la importancia de confiar en Dios en medio de la adversidad y cómo la comunidad cristiana fue clave para ayudarle a superar sus desafíos. Hoy, Juan sirve como líder en su iglesia local, enseñando a otros sobre la fidelidad inquebrantable de Dios.

Un Llamado al Servicio María, una joven profesional, sintió el llamado de Dios a servir como misionera. Su historia de discipulado resalta la importancia de escuchar la voz de Dios y seguir Su dirección, incluso cuando el camino no parece del todo claro. Después de varios años de preparación y oración, hoy lidera un equipo de misioneros en una comunidad rural, impactando la vida de muchas personas con amor, entrega y esperanza.

Perseverancia en la Adversidad Carlos, un empresario exitoso, enfrentó una grave crisis personal cuando su negocio colapsó. Durante su tiempo de discipulado, aprendió a poner su confianza en Dios **y a ver** los fracasos como oportunidades para crecer espiritualmente. Hoy, Carlos utiliza su experiencia para mentorear a otros empresarios cristianos y animarlos a seguir a Cristo, independientemente de las circunstancias.

Cada una de estas historias refleja cómo Dios obra en la vida de Sus hijos y nos invita a confiar plenamente en Su plan. Los testimonios de los discípulos no solo muestran cómo superar las dificultades, sino que también revelan el poder de una fe activa en Cristo.

Lecciones Aprendidas y Experiencias Compartidas

- Los testimonios no solo son inspiradores; también ofrecen valiosas lecciones que pueden guiar a otros en su camino de discipulado. Algunas de las enseñanzas más significativas incluyen:
- **El poder de la comunidad:** Tener un grupo de apoyo en el camino del discipulado es esencial para el crecimiento espiritual.
- **La perseverancia en la fe:** Los desafíos son inevitables, pero mantener la fe en medio de ellos es una

muestra de madurez y confianza en Dios.
- **El valor de servir:** Servir a los demás no solo transforma sus vidas, sino que también enriquece la nuestra, acercándonos más al carácter de Cristo.

Cuadro de Lecciones Aprendidas

Lección	Descripción
El Poder de la Comunidad	La unidad y el apoyo mutuo fortalecen la fe y promueven el crecimiento espiritual.
La perseverancia en la fe	Mantener la confianza en Dios durante las pruebas es clave para avanzar con firmeza.
El valor de servir	Servir enriquece tanto a quien da como a quien recibe, reflejando el carácter de Cristo.

8

LA IMPORTANCIA DE LA RENDICIÓN DE CUENTAS

La rendición de cuentas es un principio esencial en la vida cristiana. Implica reconocer y asumir la responsabilidad de nuestras acciones, tanto delante de Dios como ante los demás. Este concepto va más allá de simplemente dar explicaciones a alguien: se trata de un compromiso genuino de vivir conforme a los principios de la fe y de buscar el crecimiento personal dentro de una comunidad.

La rendición de cuentas no solo fomenta una vida de integridad y autenticidad, sino que también genera un ambiente de apoyo y aliento en el camino del discipulado. Ayuda a los creyentes a mantenerse enfocados en su relación con Dios y en su llamado. A lo largo de esta sección, exploraremos cómo este principio contribuye significativamente al crecimiento personal y comunitario de los discípulos.

El Valor de la Transparencia

La transparencia y la honestidad son pilares fundamentales en la vida cristiana. Ser transparente implica actuar con autenticidad en nuestras decisiones y comportamientos, lo cual genera confianza en nuestras relaciones interpersonales. Cuando somos honestos, nuestras palabras se alinean con nuestras acciones, reflejando así la integridad que Dios espera de nosotros.

La Biblia enfatiza la importancia de vivir con transparencia. En Proverbios 12:22 se nos dice: "Los labios mentirosos son abominación a Jehová; pero los que hacen verdad son su contentamiento." Este versículo nos recuerda que la honestidad no solo es un valor ético, sino también un principio que agrada al corazón de Dios. Al vivir en la verdad, promovemos un entorno donde otros pueden sentirse seguros y apoyados.

En el contexto bíblico, encontramos ejemplos destacados de transparencia. Daniel, por ejemplo, es un modelo de integridad en Babilonia. A pesar de las presiones y tentaciones, se mantuvo fiel a sus principios **y a su fe**, demostrando que es posible vivir con convicciones firmes incluso en circunstancias adversas. Su vida nos enseña que la autenticidad y la transparencia no solo son esenciales para nuestro crecimiento personal, sino que también inspiran a otros a seguir un camino similar.

Métodos de Rendición de Cuentas

La rendición de cuentas es un proceso enriquecedor y transformador que permite a los discípulos crecer en su fe. A continuación, exploramos diversas metodologías que facilitan la práctica de este principio vital en la vida cristiana.

Grupos de responsabilidad

Los grupos pequeños ofrecen un entorno seguro y confiable donde los miembros pueden compartir tanto sus luchas como sus triunfos. Estos espacios fomentan la honestidad y la vulnerabilidad, permitiendo que los discípulos se apoyen mutuamente en su caminar con Cristo. Al establecer metas espirituales, los participantes reciben retroalimentación constructiva que les ayuda a mantenerse enfocados y motivados en su crecimiento personal.

Mentoría y acompañamiento

La relación con un mentor es fundamental en el proceso de discipulado. Un mentor con experiencia brinda orientación y apoyo emocional, ayudando al discípulo a enfrentar desafíos y a profundizar en su fe. Esta conexión no solo implica dar consejos, sino también acompañar al otro en su camino espiritual, creando un espacio propicio para la rendición de cuentas y el aprendizaje mutuo.

Herramientas Prácticas

Reuniones Regulares: Organizar encuentros periódicos permite revisar el progreso espiritual y evaluar las metas. Estas reuniones pueden ser semanales, quincenales o mensuales, según lo que mejor funcione para el grupo.

Aplicaciones de Seguimiento Espiritual: Utilizar aplicaciones móviles para registrar metas espirituales, reflexiones y oraciones **facilita** la comunicación y el apoyo entre los miembros del grupo. Estas herramientas son útiles para mantener un seguimiento constante e inspirar a otros en su caminar con Cristo.

Diarios de Reflexión: Fomentar la práctica de llevar un diario donde los discípulos anoten sus pensamientos, oraciones y experiencias personales. Este ejercicio no solo fortalece la rendición de cuentas, sino que también permite reflexionar sobre el crecimiento espiritual a lo largo del tiempo, identificar áreas de mejora y celebrar los logros.

Construyendo una Cultura de Confianza

Fomentar una cultura de confianza dentro de la comunidad cristiana es esencial para el crecimiento espiritual y la práctica saludable de la rendición de cuentas. La confianza se construye a través de relaciones auténticas, donde la comunicación abierta y el respeto mutuo son fundamentales.

La confidencialidad también cumple un papel crucial, ya que protege la vulnerabilidad de las personas y les permite compartir sus luchas sin temor al juicio. Cuando se establece un ambiente seguro, los miembros de la comunidad pueden apoyarse genuinamente en su caminar con Dios.

Muchos han experimentado el poder transformador de la confianza y la rendición de cuentas, y sus testimonios se convierten en una fuente renovada de motivación para perseverar en la fe.

Desafíos y Beneficios de la Rendición de Cuentas

La rendición de cuentas en el ámbito cristiano enfrenta varios desafíos que pueden dificultar su implementación. Uno de los obstáculos más comunes es el miedo al juicio; muchos se sienten reacios a compartir sus luchas o fracasos por temor a ser criticados o malinterpretados. Además, la falta de compromiso puede surgir cuando los miembros de la comunidad no perciben la responsabilidad de mantenerse responsables entre sí, lo que puede llevar a una cultura de superficialidad, donde las verdaderas luchas no se abordan con sinceridad.

A pesar de estos desafíos, los beneficios de la rendición de cuentas son invaluables. Esta práctica no solo fortalece la fe individual, sino que también mejora las relaciones interpersonales dentro de la comunidad. Cuando los discípulos se sienten libres para ser transparentes, se crea un ambiente de apoyo mutuo que favorece el crecimiento espiritual. Un ejemplo inspirador puede observarse en equipos deportivos de alto rendimiento, donde los jugadores que se apoyan y se exigen mutuamente logran mejores resultados. En el fútbol, por ejemplo, es común que los capitanes fomenten la rendición de cuentas, creando espacios de comunicación donde los jugadores comparten sus preocupaciones y objetivos. Esta dinámica no solo mejora el desempeño del equipo, sino que también construye confianza y cohesión.

Superar los obstáculos de la rendición de cuentas requiere implementar estrategias efectivas. La oración conjunta es fundamental; al orar por las luchas y necesidades de los demás, se crea un lazo de confianza y dependencia en Dios. Además, el apoyo mutuo es esencial: los miembros pueden formar pequeños grupos donde se sientan seguros para compartir y recibir orientación. La constancia en estas reuniones asegura que la rendición de cuentas se convierta en un hábito, reforzando la importancia de la transparencia y el compromiso en el camino del discipulado. Al final, estos esfuerzos no solo fomentan un crecimiento espiritual más profundo, sino que también contribuyen a una comunidad más unida y resiliente.

Implementación de la Rendición de Cuentas en la Iglesia

Para establecer un sistema de rendición de cuentas efectivo en la iglesia, es fundamental implementar programas que faciliten este proceso. Una excelente opción es la formación de grupos específicos de rendición de cuentas, en los que los miembros se reúnan periódicamente en un ambiente seguro, de confianza y apoyo mutuo. Estos grupos pueden estar guiados por un líder capacitado que oriente la conversación y fomente la sinceridad entre los participantes.

Las reuniones pueden estructurarse en torno a temas específicos como la oración, el estudio bíblico o el desarrollo personal, procurando que todos los miembros tengan la oportunidad de compartir sus vivencias y recibir acompañamiento espiritual. Esta dinámica fortalece la transparencia, nutre la comunión y contribuye al crecimiento integral de cada discípulo.

La capacitación de líderes juega un papel crucial en la implementación de estos programas.

Las iglesias pueden ofrecer una variedad de talleres y cursos que ayuden a los líderes a desarrollar habilidades esenciales en mentoría, acompañamiento espiritual y facilitación de grupos. Algunas opciones de capacitación incluyen:

- **Talleres de comunicación efectiva:** diseñados para enseñar a los líderes cómo promover un diálogo abierto, respetuoso y honesto dentro de los grupos.
- **Entrenamiento en escucha empática:** enfocado en ayudar a los líderes a comprender de manera profunda las experiencias y necesidades de los miembros, brindando un apoyo más significativo.
- **Cursos sobre la importancia de la rendición de cuentas:** orientados a mostrar cómo esta práctica fortalece tanto el crecimiento espiritual individual como la unidad y madurez de la comunidad de fe.
- **Sesiones de roles o simulaciones:** espacios donde los líderes puedan practicar situaciones comunes relacionadas con la rendición de cuentas, recibiendo retroalimentación constructiva que mejore su capacidad de acompañar con sabiduría y empatía.

Por último, la evaluación y mejora continua de los programas es vital para su éxito a largo plazo. Las iglesias deben implementar mecanismos regulares para recoger retroalimentación de los participantes, tales como encuestas, entrevistas personales o sesiones grupales de revisión. Este proceso permite realizar ajustes necesarios en las dinámicas de los grupos y en la formación de los líderes, asegurando que los programas de rendición de cuentas se mantengan relevantes, eficaces y centrados en el crecimiento espiritual integral de la comunidad.

Es fundamental que tanto líderes como discípulos abracen la rendición de cuentas como un componente esencial de su vida cristiana diaria. Esta práctica no solo impulsa el crecimiento espiritual, sino que también crea un ambiente de confianza, transparencia y apoyo dentro del cuerpo de Cristo. Los líderes deben ser intencionales al establecer relaciones significativas donde la honestidad y la vulnerabilidad sean bienvenidas y valoradas. Al integrar estrategias como los grupos de apoyo, la mentoría y el acompañamiento pastoral, se fomenta una cultura sólida de confianza que edifica y fortalece a cada miembro de la congregación.

Animo a cada lector a reflexionar sinceramente sobre cómo puede implementar la rendición de cuentas en su vida. Esto podría traducirse en encontrar un compañero espiritual con quien compartir el caminar diario, integrarse en un grupo de oración comprometido o simplemente decidir abrir el corazón respecto a sus luchas, victorias y aprendizajes. Recordemos que no estamos solos en este viaje de fe: la comunidad está para sostenernos, animarnos y caminar juntos hacia una vida cristiana más auténtica, transformadora y llena de propósito.

9
DISCIPULADO EN LA ERA DIGITAL

La revolución digital ha cambiado radicalmente la forma en que nos conectamos y practicamos nuestra fe. Hoy en día, la tecnología nos ofrece herramientas sin precedentes para compartir el evangelio, facilitar la enseñanza y fomentar la comunidad entre los creyentes. Sin embargo, este avance también presenta desafíos únicos, como la necesidad de discernir la veracidad de la información y mantener relaciones auténticas en un entorno que, a menudo, tiende a la superficialidad. Es crucial explorar cómo estas herramientas digitales pueden ser utilizadas de manera efectiva para fortalecer nuestra fe y nutrir nuestro crecimiento espiritual. Al hacerlo, se puede lograr un discipulado más accesible y relevante, adaptado a las necesidades de una iglesia contemporánea que busca reflejar los valores del Reino de Dios en medio de la era digital.

Oportunidades y Retos del Discipulado Online

El discipulado en la era digital ofrece una combinación de oportunidades y desafíos que vale la pena explorar. La tecnología nos brinda un acceso global sin precedentes, permitiendo que el mensaje de Jesús llegue a personas en todo el mundo, rompiendo barreras geográficas que antes limitaban la evangelización. En Hechos 1:8 se nos recuerda que somos llamados a ser testigos de Cristo "hasta lo último de la tierra", y hoy en día, la tecnología nos permite cumplir ese mandato de manera más efectiva que nunca. Por ejemplo, los grupos de discipulado en línea permiten que personas de diferentes países se reúnan virtualmente para estudiar la Biblia y orar, llevando el mensaje de salvación a rincones que, de otra manera, serían difíciles de alcanzar.

Otra ventaja importante es la flexibilidad y conveniencia que ofrece el discipulado digital. El Salmo 119:105 dice: "Lámpara es a mis pies tu palabra, y lumbrera a mi camino". La tecnología permite que esa lámpara esté disponible en cualquier momento, adaptándose a diferentes horarios y estilos de vida. Los discípulos pueden conectarse desde la comodidad de su hogar o desde cualquier lugar, lo cual resulta particularmente útil para quienes tienen compromisos laborales, familiares o dificultades para asistir regularmente a una iglesia.

Sin embargo, también enfrentamos retos importantes en el discipulado en línea. Una de las dificultades más grandes es la falta de conexión personal, lo cual puede afectar la construcción de relaciones profundas, un aspecto vital en la comunidad cristiana. En Hebreos 10:25 se nos exhorta: "No dejando de congregarnos, como algunos tienen por costumbre, sino exhortándonos", lo que subraya la importancia del contacto y el apoyo mutuo en la fe. Las distracciones digitales también son un desafío constante. En una era de información continua, es fácil perder la concentración en lo espiritual, lo que requiere un esfuerzo consciente para enfocarse en Dios.

Para superar estos desafíos, existen soluciones prácticas que pueden implementarse. En Proverbios 16:3 se nos dice: "Encomienda a Jehová tus obras, y tus pensamientos serán afirmados". Por lo tanto, es esencial establecer horarios fijos para las reuniones en línea, lo que ayudará a los discípulos a crear una rutina y comprometerse con el grupo. Además, es útil crear entornos de aprendizaje libres de distracciones, asegurando que los participantes puedan concentrarse plenamente en el estudio bíblico. Para garantizar que los discípulos se mantengan firmes en su caminar espiritual, se puede fomentar la rendición de cuentas a través de aplicaciones o grupos de seguimiento, aplicando lo que enseña Proverbios 27:17: "El hierro con hierro se afila; y así el hombre aguza el rostro de su amigo".

Herramientas Tecnológicas para el Discipulado

La tecnología actual ha puesto a nuestra disposición un amplio abanico de herramientas que pueden fortalecer y facilitar el discipulado, permitiendo un acceso continuo a la Palabra y fomentando la comunión entre los creyentes. Tal como nos anima Hebreos 10:25: "No dejando de congregarnos, como algunos tienen por costumbre, sino exhortándonos; y tanto más, cuanto veis que aquel día se acerca".

Plataformas de videoconferencia

Herramientas como Zoom, Microsoft Teams y Google Meet han permitido que el discipulado siga fluyendo sin importar la distancia. Estas plataformas brindan la oportunidad de tener reuniones cara a cara, compartir estudios bíblicos y orar juntos, como si estuviéramos presencialmente reunidos, cumpliendo con el mandato de estar "unánimes juntos" (Hechos 2:1).

Para mejorar la experiencia en las videoconferencias, es esencial contar con buena iluminación, un sonido claro y fomentar la participación activa. Organizar la reunión en un ambiente sin distracciones y preparar el corazón para recibir y compartir la Palabra fortalece la comunión.

Aplicaciones de Estudio Bíblico

Aplicaciones como YouVersion, Biblia y Blue Letter Bible se han convertido en poderosas herramientas para el estudio bíblico, tanto personal como grupal. Estas plataformas ofrecen acceso a diversas versiones de la Biblia, planes de lectura y comentarios que enriquecen el crecimiento espiritual. Como se menciona en 2 Timoteo 3:16-17: "Toda la Escritura es inspirada por Dios, y útil para enseñar, para redargüir, para corregir, para instruir en justicia".

Redes Sociales y Grupos Online

La creación de grupos en redes sociales como Facebook, WhatsApp y Telegram ofrece un espacio valioso para mantener la conexión, compartir reflexiones diarias y elevar oraciones en comunidad. Estos grupos permiten a los discípulos alentarse mutuamente y caminar juntos en la fe, cumpliendo con lo que dice Gálatas 6:2: "Sobrellevad los unos las cargas de los otros, y cumplid así la ley de Cristo".

Recursos Multimedia

El uso de podcasts, videos en YouTube y blogs ofrece contenido complementario al discipulado, convirtiéndose en recursos valiosos para fortalecer la enseñanza y la reflexión personal y grupal. Colosenses 3:16 nos anima a que "la palabra de Cristo habite en abundancia en vosotros, enseñándoos y exhortándoos unos a otros en toda sabiduría", y estas plataformas digitales nos permiten acceder a enseñanzas profundas de manera práctica y accesible.

Evaluación y Selección de Herramientas

Al elegir las herramientas tecnológicas más adecuadas para un grupo o contexto, es fundamental considerar aspectos como la facilidad de uso, la accesibilidad y su alineación con los principios bíblicos. La tecnología debe ser un puente hacia la edificación, no un obstáculo; por ello, es necesario orar, discernir y evaluar cuidadosamente antes de implementar cualquier recurso. Recordemos que "todo lo que hagáis, hacedlo de corazón, como para el Señor y no para los hombres" (Colosenses 3:23).

Manteniendo la Conexión Espiritual en el Mundo Digital

Es vital que, incluso en el ámbito digital, cultivemos la presencia de Dios. Aunque estemos conectados a través de pantallas, Su Espíritu no conoce barreras. Jesús nos prometió en Mateo 18:20: "Porque donde están dos o tres congregados en mi nombre, allí estoy yo en medio de ellos". Esto significa que, aunque no estemos físicamente juntos, la comunión espiritual sigue siendo poderosa cuando nos reunimos en Su nombre, incluso en línea.

Prácticas Espirituales Online Una manera efectiva de mantener la conexión espiritual es integrando prácticas como:

- Oración Virtual: Organizar grupos de oración a través de videollamadas en horarios fijos puede ser un recordatorio constante de la importancia de mantenernos en comunión con Dios. Colosenses 4:2 nos exhorta: "Perseverad en la oración, velando en ella con acción de gracias".

- Estudios Bíblicos Virtuales: Utilizar aplicaciones y plataformas para estudiar juntos la Palabra y compartir reflexiones en tiempo real puede enriquecer la experiencia del discipulado. Hebreos 4:12 nos recuerda que la Palabra es viva y eficaz, por lo que puede impactar nuestras vidas tanto de manera presencial como virtual.

Fortalecimiento de la Comunidad Virtual En un mundo digitalizado, es fácil sentirse desconectado, pero podemos fortalecer la comunidad virtual si promovemos la confianza y el sentido de pertenencia. Una estrategia útil es realizar actividades interactivas como dinámicas, compartir testimonios y, si es posible, llevar a cabo pequeños actos simbólicos en línea, como encender velas durante una oración conjunta. Además, en Gálatas 6:2 se nos anima a llevar las cargas los unos de los otros, lo cual también puede hacerse virtualmente mediante el apoyo y acompañamiento a nuestros hermanos en la fe.

Rituales y Tradiciones en el Espacio Digital Incorporar elementos de la tradición cristiana, como la Santa Cena, en las reuniones virtuales también puede enriquecer espiritualmente el entorno digital. Cada creyente puede preparar los elementos en su hogar mientras se sigue la ceremonia, tal como lo haría de forma presencial, recordando las palabras de Jesús en Lucas 22:19: "Haced esto en memoria de mí".

Salud Digital y Espiritual Finalmente, es importante recordar la necesidad de mantener un equilibrio. Aunque la tecnología es una bendición, también puede convertirse en una fuente de distracción o agotamiento. Romanos 12:2 nos exhorta a no conformarnos a este mundo, sino a transformarnos mediante la renovación de nuestra mente. Por eso, establecer límites de tiempo para las actividades en línea, hacer pausas para la meditación y mantener hábitos saludables fuera de las pantallas es fundamental para un discipulado efectivo.

Consejos prácticos para mantener el equilibrio:

1. Establecer tiempos de desconexión digital para meditar, orar o pasar tiempo en la naturaleza.
2. Crear un espacio físico en casa dedicado a la oración o al estudio bíblico, libre de distracciones.

3. Utilizar aplicaciones que fomenten la reflexión espiritual diaria sin abrumar con notificaciones constantes.

Es vital que los líderes adopten las herramientas tecnológicas de manera intencional para maximizar su impacto en el discipulado y en la vida de la iglesia. El uso eficaz de estas plataformas no solo amplía el alcance del mensaje, sino que también permite mantener un sentido de comunidad más allá de las barreras físicas. Tal como se menciona en 1 Corintios 9:22: "Me he hecho todo a todos, para que de todos modos salve a algunos", debemos aprovechar todas las oportunidades y medios —incluyendo los digitales— para fortalecer el discipulado y preservar la unidad del cuerpo de Cristo.

10
EL DISCIPULADO Y LA MISIÓN

¿Qué es el llamado a la misión?

Es el propósito divino que nos impulsa a actuar y a compartir nuestra fe con los demás. Este llamado no es opcional ni pasajero: es un componente esencial de la vida cristiana que nos motiva a salir de nuestra zona de confort y convertirnos en agentes de cambio en nuestro entorno. La misión no se limita a un momento o evento específico; más bien, es un estilo de vida que refleja nuestra fe y nuestro compromiso con el mensaje de Jesús.

La misión y el discipulado están intrínsecamente ligados, ya que uno no puede florecer sin el otro. Integrar la misión y la evangelización con el discipulado es fundamental para el crecimiento espiritual y el impacto en la comunidad. Al hacerlo, no solo formamos discípulos, sino que también los capacitamos para que compartan el amor de Cristo con otros. Este enfoque no solo enriquece nuestra vida espiritual, sino que también fortalece la comunidad cristiana, creando una red de apoyo, amor y crecimiento mutuo.

Integrando el Discipulado y la Evangelización

La relación entre el discipulado y la evangelización es fundamental en la vida cristiana. ¿Cómo se integran estas dos dimensiones? La Gran Comisión de Jesús en Mateo 28:19-20 nos recuerda la importancia de hacer discípulos en el contexto de la evangelización. En este pasaje, Jesús nos instruye: "Por tanto, id, y haced discípulos a todas las naciones, bautizándolos en el nombre del Padre, y del Hijo, y del Espíritu Santo; enseñándoles que guarden todas las cosas que os he mandado." Esta llamada no solo nos encamina a llevar el mensaje del Evangelio a otros, sino que también nos invita a acompañar a aquellos que responden a ese mensaje en su proceso de crecimiento espiritual.

La evangelización, lejos de ser un acto aislado, es una parte integral del discipulado. Al compartir nuestra fe, no solo estamos obedeciendo un mandato divino, sino que también estamos abriendo la puerta para que otros inicien su viaje con Cristo. Este primer paso debe ir acompañado de un proceso continuo de enseñanza, mentoría y acompañamiento espiritual. Ver la evangelización como una entrada al discipulado asegura que los nuevos creyentes no queden solos, sino que reciban el apoyo y la dirección necesarios para profundizar en su relación con Dios. Para llevar a cabo este llamado de forma efectiva, es crucial desarrollar estrategias prácticas que se adapten a diferentes contextos. Por ejemplo, en el ámbito laboral, se pueden construir relaciones genuinas que sirvan como puente para compartir la fe. En el entorno escolar, involucrarse en actividades extracurriculares puede abrir espacios para conversaciones significativas sobre la vida espiritual. En la comunidad, las actividades de servicio son oportunidades ideales para demostrar el amor de Cristo y compartir el mensaje del Evangelio de una manera natural y auténtica.

Los testimonios de evangelización tienen un poder transformador. Las historias reales de personas que han compartido su fe mientras integraban el discipulado en su labor misionera pueden inspirar profundamente a otros. Por ejemplo, el relato de un joven que, después de convertirse, inició un grupo de estudio bíblico en su escuela, y que a través de su testimonio llevó a varios amigos a conocer a Cristo, ilustra cómo la evangelización puede florecer dentro de un contexto de discipulado continuo y comprometido.

Así, integrar el discipulado con la evangelización no solo representa un llamado a cumplir con la Gran Comisión, sino que también constituye un camino hacia un crecimiento espiritual más profundo. Tanto quienes comparten el mensaje como quienes lo reciben experimentan una transformación genuina cuando la evangelización se vive como parte del proceso discipular.

Es fundamental que tanto los líderes como los discípulos reconozcan su papel activo en la misión de la iglesia. Comprometerse con la evangelización y el servicio no debe verse como una opción más, sino como un componente esencial del discipulado auténtico. Cada uno de nosotros tiene el potencial de ser un agente de cambio en nuestras comunidades, llevando el mensaje del Evangelio a quienes nos rodean.

Es tiempo de levantarse y actuar, buscando intencionalmente oportunidades para compartir nuestra fe y servir a los demás con amor y propósito. Ya sea en el trabajo, en la escuela o en nuestra comunidad, la evangelización y el servicio deben convertirse en parte de nuestro estilo de vida cristiano. No subestimemos el impacto que puede tener una vida encendida por la luz de Cristo. Cada acción cuenta, y cada palabra puede marcar una diferencia eterna en la vida de alguien.

¡Comprometámonos a vivir una fe activa e intencional, integrando la evangelización y el servicio en nuestra vida diaria y en todo proceso de discipulado!

11
DISCIPULADO INTERGENERACIONAL

Importancia del Discipulado Intergeneracional

El discipulado intergeneracional es fundamental para el crecimiento y la fortaleza de la iglesia, ya que promueve un intercambio enriquecedor de experiencias, perspectivas y sabiduría. Este enfoque no solo fortalece la fe individual, sino que también refuerza el sentido de comunidad al fomentar la conexión y la comprensión entre distintas generaciones.

Transmisión de la Fe

En Deuteronomio 6:6-7 se nos instruye: "Y estas palabras que yo te mando hoy estarán sobre tu corazón; y las repetirás a tus hijos, y hablarás de ellas estando en tu casa, y andando por el camino, y al acostarte, y cuando te levantes."

Este pasaje resalta la responsabilidad de transmitir la fe de una generación a otra, asegurando que cada miembro del pueblo de Dios crezca en su relación con Él. La fe no debe quedarse estática ni ser un asunto privado; está llamada a ser enseñada, vivida y compartida con quienes vienen detrás. La transmisión intergeneracional no solo preserva la herencia espiritual, sino que también cultiva un legado de obediencia y confianza en Dios.

Interacción entre Generaciones

La interacción entre generaciones dentro del discipulado crea un ambiente propicio para el crecimiento espiritual y el apoyo mutuo. Los jóvenes, al aprender de la sabiduría y experiencia de los mayores, adquieren valores y principios que los preparan para enfrentar los desafíos de la vida con madurez y fe. Por su parte, los adultos mayores pueden hallar inspiración, renovación y una pasión revitalizada por su fe al interactuar con la energía, creatividad y visión fresca de los jóvenes. Esta dinámica bidireccional no solo fortalece la fe individual, sino que también enriquece a la iglesia como un todo, cultivando un profundo sentido de pertenencia, unidad y propósito común.

Adaptación a Realidades Cambiantes

Al integrar a distintas generaciones en el proceso de discipulado, la iglesia se posiciona mejor para enfrentar los desafíos de una cultura en constante cambio. Esta integración permite abordar con sabiduría la necesidad de adaptación frente a las influencias externas que muchas veces alejan a los jóvenes de los valores cristianos. Cuando creyentes de diversas edades se unen en un mismo propósito, no solo se apoyan mutuamente, sino que también forjan lazos profundos que trascienden las diferencias generacionales.

En este contexto, el discipulado intergeneracional se convierte en un instrumento poderoso para cultivar una fe más rica, sólida y arraigada en toda la iglesia. Al fomentar estas conexiones, se forma una comunidad de creyentes vibrante, resiliente y preparada para impactar al mundo con el amor y la verdad de Cristo.

Rompiendo Barreras Generacionales

Las barreras generacionales a menudo dificultan la conexión entre los miembros de la iglesia. Estas divisiones pueden surgir por diferencias en experiencias, valores y estilos de comunicación. Sin embargo, es fundamental trabajar intencionalmente para superarlas y cultivar un ambiente de inclusión y respeto. Promover la empatía y el entendimiento mutuo permite derribar prejuicios y construir puentes que fortalezcan los lazos dentro del cuerpo de Cristo.

El Valor de las Relaciones Intergeneracionales

Las relaciones entre generaciones son esenciales para el crecimiento espiritual y la salud de la iglesia. Cuando jóvenes y mayores se relacionan, ambos enriquecen su fe a través del intercambio mutuo. Los jóvenes aportan frescura, creatividad y nuevas perspectivas, mientras que los mayores ofrecen sabiduría, estabilidad y experiencia. Esta diversidad generacional no solo nutre la vida espiritual de cada individuo, sino que también fomenta un profundo sentido de unidad y pertenencia dentro de la comunidad de fe.

Actividades para Conectar Generaciones

Para facilitar una verdadera conexión intergeneracional, es fundamental organizar actividades que fomenten la interacción significativa entre los miembros de distintas edades. Algunas ideas prácticas incluyen:

- **Estudios Bíblicos Conjuntos:** Invitar a todas las generaciones a participar en estudios bíblicos donde puedan compartir ideas, preguntas y reflexiones. Esta dinámica no solo enriquece el aprendizaje espiritual, sino que también fortalece los lazos entre los participantes.
- **Proyectos de Servicio Comunitario:** Promover actividades donde distintas generaciones colaboren en tareas de servicio a la comunidad. Estos espacios no solo benefician a quienes reciben la ayuda, sino que también refuerzan el sentido de propósito compartido y el trabajo en equipo.
- **Encuentros Sociales:** Planificar eventos informales, como comidas compartidas, noches de juegos o celebraciones temáticas, donde todos puedan disfrutar de la compañía mutua en un ambiente relajado, cercano y amigable.
- **Día de Historias:** Organizar un evento especial en el que los mayores compartan sus testimonios de fe y experiencias de vida con los más jóvenes. Estas historias no solo transmiten sabiduría y legado espiritual, sino que también generan recuerdos duraderos y conexiones emocionales profundas.

El Valor de la Sabiduría de los Ancianos

La sabiduría de los mayores es un tesoro invaluable dentro de la iglesia. No se trata únicamente de la experiencia acumulada con el paso de los años, sino del conocimiento profundo de Dios que han adquirido a través de una vida de fe constante y probada. En Levítico 19:32 se nos exhorta: "Delante de las canas te levantarás, y honrarás el rostro del anciano, y de tu Dios tendrás temor. Yo Jehová".

Este versículo resalta la importancia de honrar y respetar a los ancianos dentro del cuerpo de Cristo, reconociendo que su caminar fiel es una fuente de inspiración, guía y ejemplo para las nuevas generaciones. Escuchar sus testimonios, aprender de sus consejos y valorar su presencia fortalece la unidad de la iglesia y preserva un legado espiritual que no debe perderse.

Mentoría: Una Relación de Acompañamiento Espiritual

El discipulado intergeneracional se nutre profundamente de la mentoría. Los mayores tienen una capacidad única para guiar a los más jóvenes, no solo con palabras, sino con el testimonio de vidas comprometidas con Cristo. Más que simples consejeros, es vital verlos como mentores: hombres y mujeres que, con paciencia y sabiduría, acompañan a las nuevas generaciones en su caminar espiritual.

A diferencia de la enseñanza formal, la mentoría dentro del discipulado implica un acompañamiento constante y a largo plazo. Los mentores no solo transmiten conocimientos, sino que se convierten en compañeros de viaje: personas que apoyan, desafían, animan y oran por aquellos a quienes están formando. Este enfoque permite que los jóvenes no solo aprendan sobre la fe, sino que la vivan de manera tangible junto a quienes ya han recorrido caminos similares.

Un ejemplo poderoso de mentoría lo encontramos en la relación entre Moisés y Josué. Moisés no solo lideró al pueblo de Israel, sino que preparó a Josué para que asumiera el liderazgo, dándole las herramientas y la confianza necesarias para continuar con el llamado de Dios. Esta transición no fue simplemente un cambio de cargo, sino el fruto de años de preparación, en los que Moisés fue un mentor fiel, guiando a Josué con firmeza y propósito.

Otro hermoso ejemplo es la relación entre Noemí y Rut. A pesar de las diferencias culturales y generacionales, Noemí acompañó a Rut, enseñándole a confiar en el Dios de Israel. Esta relación nos recuerda cómo el discipulado intergeneracional puede romper barreras, fortalecer la fe y transformar destinos.

Espacios para el Intercambio de Sabiduría

Para que el intercambio generacional sea realmente efectivo, es fundamental que la iglesia cree espacios donde los mayores puedan compartir su sabiduría con los más jóvenes, y donde ambos se enriquezcan mutuamente.

1. **Grupos de Oración Intergeneracionales:** Formar grupos en los que personas de distintas edades oren juntas. Este tipo de interacción fomenta la empatía, fortalece la comunión y permite que los jóvenes experimenten de cerca la profundidad espiritual de los mayores.
2. **Talleres de Vida Cristiana:** Organizar talleres donde los ancianos compartan lecciones prácticas sobre cómo enfrentar los desafíos de la vida desde una perspectiva bíblica. Temas como el matrimonio, la crianza de los hijos, el manejo de las finanzas o el trabajo pueden abordarse desde la experiencia vivida y la sabiduría adquirida con los años.
3. **Proyectos de Servicio:** Involucrar a jóvenes y mayores en actividades de servicio dentro y fuera de la iglesia. Estas iniciativas no solo fomentan la cooperación, sino que brindan oportunidades para que los mayores enseñen el valor del servicio, mientras los jóvenes contribuyen con energía, creatividad y nuevas perspectivas.
4. **Programas de Mentoría Personal:** Establecer programas formales de mentoría en los que los mayores se comprometan a acompañar espiritualmente a los jóvenes. Estas relaciones pueden incluir reuniones periódicas, oración compartida y un enfoque deliberado en el crecimiento y la madurez en la fe.

El Impacto del Aprendizaje Intergeneracional

Cuando los jóvenes y los mayores se conectan a través de estas actividades, se construye una comunidad más sólida y llena de gracia. Los jóvenes adquieren una comprensión más profunda de la fe y de cómo vivirla de manera práctica, mientras que los adultos mayores se sienten valorados y encuentran la oportunidad de cumplir con el mandato bíblico de discipular a las nuevas generaciones. Al romper las barreras generacionales, la iglesia se fortalece, creando un espacio donde todos crecen, sirven y se apoyan mutuamente en su caminar con Cristo.

El Rol de los Jóvenes en la Iglesia

Es vital reconocer el papel fundamental que los jóvenes desempeñan en la iglesia y cómo su energía, creatividad y visión pueden contribuir significativamente al avance del Reino de Dios. Con frecuencia, su capacidad para liderar es subestimada, pero como dice 1 Timoteo 4:12: "Ninguno tenga en poco tu juventud, sino sé ejemplo de los creyentes en palabra, conducta, amor, espíritu, fe y pureza".

Este llamado no solo afirma su valor, sino que también los desafía a vivir con integridad, siendo modelos de conducta cristiana en cada área de su vida. Cuando se les brinda la oportunidad de servir, los jóvenes no solo crecen en su fe, sino que también inspiran a toda la comunidad a seguir a Cristo con pasión y autenticidad.

Desarrollo de Habilidades de Liderazgo

Preparar a los jóvenes para asumir roles de liderazgo requiere intención y compromiso por parte de la comunidad. Es fundamental que la iglesia provea espacios donde puedan desarrollar habilidades clave como la comunicación efectiva, la gestión de equipos y la toma de decisiones. Iniciativas como talleres de liderazgo cristiano, grupos de discusión guiados y programas de mentoría personalizada son herramientas valiosas para formar a quienes liderarán con visión y fundamento bíblico.

Programas de Liderazgo Juvenil

Es recomendable implementar programas específicos enfocados en capacitar a los jóvenes dentro de la iglesia. Iniciativas como campamentos de liderazgo juvenil, retiros espirituales y seminarios interactivos pueden convertirse en plataformas clave a través de las cuales los participantes adquieran herramientas prácticas para liderar proyectos, coordinar equipos de voluntarios y desarrollar actividades misioneras con propósito y confianza.

Historias Inspiradoras de Jóvenes Líderes

Los testimonios de jóvenes que han asumido roles de liderazgo de forma significativa sirven como inspiración para otros. Historias de quienes han liderado ministerios, organizado actividades benéficas o predicado en reuniones comunitarias motivan a dar el paso hacia el liderazgo. Estos relatos ayudan a superar las barreras del miedo o la inexperiencia, demostrando que, con fe y preparación, el liderazgo juvenil puede transformar profundamente la vida de la iglesia. Es fundamental que la iglesia fomente relaciones intergeneracionales con intención y propósito, creando espacios donde jóvenes y adultos mayores crezcan juntos en la fe. Animemos a cada miembro a aprender de la sabiduría de quienes han recorrido más camino, mientras guiamos y acompañamos a las nuevas generaciones en su desarrollo espiritual. Así, edificamos una comunidad cristiana sólida, donde cada generación aporta al crecimiento del Reino.

12
EL ROL DE LA ADORACIÓN EN EL DISCIPULADO

La Importancia de la Adoración

La adoración es un componente esencial de la vida cristiana, un puente hacia Dios que nos conecta profundamente con Su presencia. A través de ella, expresamos nuestro amor, gratitud y reverencia, reconociendo Su grandeza y majestad. Este acto no solo nos fortalece en nuestro caminar espiritual, sino que también alimenta nuestra fe y transforma nuestro corazón. En el proceso de discipulado, la adoración se convierte en una vía para experimentar la presencia de Dios, permitiéndonos crecer y madurar continuamente en nuestra relación con Él.

El Poder Transformador de la Adoración

Adorar no es meramente un acto ritual; es una actitud del corazón que impacta cada aspecto de nuestra vida. La adoración tiene el poder de transformar nuestro entendimiento, moldear nuestro carácter y alinear nuestras prioridades con los propósitos de Dios. Cuando nos acercamos a Él en adoración, somos desafiados a dejar atrás distracciones y preocupaciones, enfocándonos en lo que verdaderamente importa. En ese encuentro sagrado, recordamos Su fidelidad, Su amor incondicional y Su llamado a vivir en comunidad como discípulos comprometidos.

Promoviendo el Crecimiento Espiritual

El crecimiento espiritual se fortalece profundamente a través de la adoración. No solo nos acerca a Dios, sino que también nos ayuda a comprender mejor Su Palabra. Cuando adoramos juntos como iglesia, cultivamos un sentido de unidad y comunidad, donde cada miembro contribuye activamente a la experiencia colectiva. Además, la adoración comunitaria se convierte en una herramienta poderosa para evangelizar y atraer a otros al camino de Cristo. La música, las oraciones y las diversas expresiones de adoración crean un ambiente receptivo y acogedor, donde muchos pueden experimentar el amor de Dios de manera real y transformadora.

La Adoración como Parte del Crecimiento Espiritual

Definición de Adoración

La adoración es un acto de entrega total y reconocimiento del carácter de Dios. No se limita a la música ni a momentos específicos de reunión; es un estilo de vida que involucra nuestra mente, corazón y acciones. Adorar implica un compromiso profundo que trasciende los rituales, invitándonos a vivir en constante reverencia y gratitud. Esta actitud se refleja no solo en los encuentros congregacionales, sino también en nuestras decisiones cotidianas, en el trato hacia los demás y en una vida coherente con los principios de la fe.

Adoración en la Biblia

La Biblia ofrece una rica narrativa de adoración que recorre toda su historia. Los Salmos de David son un ejemplo poderoso de cómo la adoración puede surgir de las experiencias humanas, abarcando desde la alegría hasta la desesperación. En el Antiguo Testamento, la adoración en el templo de Jerusalén era el punto focal de la comunidad de fe, donde se realizaban sacrificios y se compartían testimonios de Su fidelidad. Por otro lado, en el Nuevo Testamento, los primeros cristianos se reunían no solo para escuchar la enseñanza, sino también para adorar y celebrar juntos. En Hechos 2:42-47, observamos cómo la comunidad se dedicaba a la enseñanza de los apóstoles, la comunión, el partimiento del pan y la oración, creando un ambiente de adoración que fortalecía tanto su fe como su unidad.

"Dios es Espíritu; y los que le adoran, en espíritu y en verdad es necesario que adoren." –Juan 4:24. Este versículo resalta la esencia de la adoración: debe ser auténtica, reflejando la sinceridad de nuestro corazón y nuestro deseo genuino de conectarnos con Dios.

Adoración y Transformación Personal

La adoración tiene un poder transformador: nos acerca a Dios y renueva nuestra mente y nuestro corazón. En ella encontramos la oportunidad de soltar nuestras cargas, preocupaciones y distracciones del mundo. La presencia de Dios, experimentada en esos momentos de entrega, renueva nuestra perspectiva y nos da una comprensión más clara de quiénes somos y del propósito que Él tiene para nuestras vidas. Al contemplar la grandeza de Dios en adoración, también somos desafiados a crecer. Ese encuentro con Su presencia nos impulsa a abandonar viejas actitudes y a formar un carácter que refleje la imagen de Cristo. Así, la adoración se convierte en un catalizador para la acción, motivándonos a vivir de una manera que glorifique a Dios en cada aspecto de nuestra vida.

Prácticas de Adoración Diaria

Incorporar la adoración en nuestra vida cotidiana es esencial para el crecimiento espiritual. Se puede expresar de múltiples maneras: a través de la música, la meditación, la oración o incluso mediante el arte. A continuación, algunas prácticas efectivas para cultivarla en el día a día:

- **Cantar alabanzas:** Reserva momentos específicos para entonar cánticos, ya sea en casa o mientras conduces. La música tiene un poder único para elevar el espíritu y conectar con Dios.
- **Leer la Biblia:** Acércate a la Palabra no solo para aprender, sino como un acto de adoración, permitiendo que transforme tu corazón y guíe tus pensamientos.
- **Orar con gratitud:** Establece una conversación constante con Dios que no solo incluya peticiones,

sino reconocimiento por Su grandeza y fidelidad.
- **Registrar experiencias:** Lleva un diario de adoración donde anotes tus oraciones, respuestas divinas y momentos de agradecimiento. Esta práctica te ayudará a mantenerte consciente de la obra constante de Dios en tu vida.

Incorporando la Música y la Alabanza en el Discipulado

- **El poder de la música en la adoración:** La música tiene un papel fundamental en la adoración, ya que puede tocar el corazón y elevar el espíritu, creando una conexión más profunda con Dios. A través de melodías y ritmos, las letras se convierten en una forma de oración y expresión de nuestra fe.

"Cantad alegres a Dios, habitantes de toda la tierra; servid a Jehová con alegría; venid ante su presencia con regocijo." – Salmo 100:1-2

- **Diversidad musical en la alabanza:** Es importante reconocer los distintos estilos musicales que pueden enriquecer nuestra adoración. Esto incluye himnos tradicionales que han perdurado a lo largo del tiempo, música contemporánea que resuena con las nuevas generaciones y coros que fomentan la participación de la congregación. Cada estilo tiene su lugar y puede acercar a diferentes personas a la fe.
- **Integrando la música en el discipulado:** Utilizar la música como herramienta en el proceso de discipulado puede resultar muy eficaz. Algunas for-

mas incluyen estudios bíblicos basados en letras de canciones, donde se exploren temas espirituales y doctrinales, así como sesiones grupales de alabanza que fomenten la unidad y la adoración compartida.

- **Ejemplo práctico:** Organiza noches de adoración donde los discípulos tengan la oportunidad de compartir sus canciones favoritas y reflexionar sobre su significado. Esto no solo promoverá un ambiente de alabanza, sino que también fortalecerá los lazos entre los miembros del grupo.
- **Impacto de la música en la iglesia:** La música tiene la capacidad de unir a la iglesia, generando comunión entre sus miembros. Cuando las personas se reúnen para adorar a través de la música, se crea un ambiente de alegría y unidad donde cada uno se siente parte de algo más grande. La música se convierte en un lenguaje común que trasciende diferencias y permite que la iglesia crezca en armonía.

Testimonios de Transformación a Través de la Adoración

- El poder de los testimonios: Los testimonios de quienes han experimentado transformación a través de la adoración son herramientas poderosas que inspiran y motivan a otros en su camino de fe. Estos relatos no solo son historias personales, sino también manifestaciones del poder de Dios en la vida de Su pueblo.
- **Impacto de la adoración en la vida real:** Cada testimonio auténtico refleja cómo la adoración puede influir profundamente en la vida cotidiana. Al

escuchar cómo la música y la alabanza han traído sanidad, paz y restauración, otros pueden comprender que la adoración no es solo un acto ritual, sino una experiencia vivencial que transforma corazones y renueva mentes.

- **Lecciones aprendidas de testimonios reales:**
  - La adoración permite que las personas se conecten profundamente con Dios, creando un espacio para la sanidad y el crecimiento espiritual.
  - Los desafíos y las luchas pueden ser superados mediante la adoración, ya que esta se convierte en un refugio de paz en tiempos difíciles.
  - Los testimonios muestran que no estamos solos en nuestras batallas; otros han recorrido caminos similares y han encontrado gracia y fortaleza en la presencia de Dios.
- **Inspiración para la congregación:** Escuchar y compartir testimonios reales puede motivar a la congregación a buscar su propia transformación espiritual a través de la adoración. Cada persona tiene una historia única que contar, y la adoración ofrece una plataforma para compartir esas experiencias, fomentando un sentido de comunidad y unidad.

Alentamos a los miembros de la iglesia a abrirse y compartir cómo la adoración ha impactado sus vidas. Cada testimonio tiene el potencial de tocar a alguien más y demostrar que, a través de la adoración, se pueden encontrar respuestas, esperanza y renovación.

13
EL ROL DE LA ADORACIÓN EN EL DISCIPULADO

Importancia de Modelar a Cristo

En la vida cristiana, modelar a Cristo no es solo un llamado, sino una responsabilidad que todo discípulo debe abrazar. Imitar Su carácter implica vivir con amor, compasión y justicia, manifestando Su ejemplo en nuestras relaciones cotidianas. Este estilo de vida no solo fortalece nuestra comunión con Dios, sino que también se convierte en un testimonio viviente para quienes nos rodean. Al reflejar a Cristo, nos transformamos en luces que inspiran y orientan a otros en su propio caminar espiritual.

El carácter de Cristo

El carácter de Cristo es el modelo supremo para quienes desean vivir como verdaderos discípulos. Jesús encarnó una vida llena de amor, compasión, humildad, paciencia y perdón. Estos atributos no son solo virtudes admirables, sino principios fundamentales para todo creyente que anhela caminar conforme al corazón de Dios y a los valores de Su Reino.

"Sed, pues, imitadores de Dios como hijos amados".
– Efesios 5:1

La compasión de Cristo

Jesús no solo habló de compasión, sino que la vivió de forma activa y constante. En cada encuentro con los necesitados, demostró una misericordia profunda. Su corazón se conmovía ante el dolor ajeno, como vemos cuando sanó a los leprosos o alimentó a miles con apenas unos panes y peces. Estos actos nos enseñan que la compasión no es solo un sentimiento, sino una acción concreta que busca aliviar el sufrimiento de los demás.

En las historias bíblicas, observamos Su compasión puesta en práctica, como en la sanación de los leprosos (Lucas 17:11-19) o en la alimentación de la multitud (Juan 6:1-14). Estos ejemplos nos retan a vivir con esa misma sensibilidad en lo cotidiano, ayudando a quienes lo necesitan mediante acciones tangibles que reflejen el amor de Cristo.

La humildad de Cristo

Jesús modeló una humildad sin igual.

A pesar de ser el Hijo de Dios, nunca buscó poder ni reconocimiento personal. Su gesto de lavar los pies a sus discípulos es un recordatorio profundo de que, en el Reino de Dios, el liderazgo se manifiesta en el servicio. Este acto —que en su cultura correspondía a los siervos— revela la disposición de Cristo a humillarse voluntariamente por amor.

"Y todo lo que hagáis, hacedlo de corazón, como para el Señor y no para los hombres."
Colosenses 3:23

Desarrollando el Carácter de Cristo

El carácter de Cristo no se forma de la noche a la mañana; es un proceso continuo que se cultiva mediante la práctica diaria de principios bíblicos.

Cada jornada nos presenta nuevas oportunidades para reflejar a Cristo a través de la compasión, la humildad y el amor hacia los demás. Estos valores pueden vivirse en lo cotidiano: con actos sencillos de servicio, eligiendo perdonar en lugar de guardar rencor, y cultivando una actitud de gratitud en vez de queja.

Algunas prácticas que fortalecen este carácter cristiano incluyen:

- **Organizar tiempos de servicio comunitario,** donde los discípulos puedan ayudar a personas necesitadas y desarrollar sensibilidad por las cargas ajenas.
- **Fomentar el hábito de la gratitud en oración diaria,** reconociendo las bendiciones recibidas, grandes o pequeñas.
- **Practicar el perdón,** incluso en situaciones difíciles, como un reflejo tangible del amor que hemos recibido en Cristo.

Vivir como Ejemplo de Fe y Servicio

Jesús vivió una vida caracterizada por una confianza inquebrantable en el Padre.

Su fe fue profundamente probada en momentos decisivos, especialmente en el huerto de Getsemaní, donde se enfrentó al dolor y al peso del sacrificio que estaba por venir. Sin embargo, incluso en esa hora de angustia, Jesús se sometió completamente a la voluntad de Dios. Este acto de rendición total es un modelo para todo discípulo: confiar en Dios no solo en tiempos de calma, sino también en medio del sufrimiento y la incertidumbre, sabiendo que Su voluntad es perfecta y que Él sigue teniendo el control.

"Padre, si quieres, pasa de mí esta copa; pero no se haga mi voluntad, sino la tuya". – Lucas 22:42

El Servicio como un Valor Fundamental

El servicio no es una opción en la vida cristiana; es un llamado directo de Jesús a cada uno de Sus seguidores.

Él mismo nos dio el ejemplo al declarar que no vino para ser servido, sino para servir, y espera que sus discípulos adopten la misma actitud. Servir es poner la fe en movimiento, es hacer tangible el amor de Cristo a través de nuestras acciones cotidianas. Desde cuidar de los más vulnerables hasta brindar tiempo, escucha y apoyo emocional, el servicio es el latido constante del discipulado.

Un ejemplo inspirador de este llamado lo encontramos en Corrie ten Boom, una mujer cristiana que, durante la Segunda Guerra Mundial, arriesgó su vida para esconder a judíos perseguidos por el régimen nazi. A través de su fe y su valentía, Corrie encarnó el verdadero sentido del servicio: amar sin reservas, aun en medio del peligro.

Sin embargo, servir no requiere actos heroicos. El discipulado se vive también en lo sencillo: apoyar en la iglesia local, colaborar en actividades comunitarias, visitar a los enfermos, ayudar a quienes están en necesidad o ser un hombro donde alguien pueda descansar. El servicio nace de un corazón disponible y sensible al dolor ajeno.

Fomentando una Cultura de Servicio

Para que el discipulado se refleje de manera genuina en la vida de la iglesia, es necesario cultivar una cultura donde el servicio se viva como algo cotidiano y natural.

Los líderes tienen un rol clave en este proceso, ya que pueden promover una mentalidad de servicio mediante la organización de eventos e iniciativas que involucren a toda la congregación. Estas actividades no solo impactan positivamente a los necesitados, sino que también fortalecen los lazos entre los miembros y enseñan a vivir el evangelio con acciones concretas.

Ejemplos prácticos pueden incluir visitas regulares a hospitales, jornadas de limpieza en la comunidad o campañas de recolección de alimentos para apoyar a personas en situación vulnerable. Estos actos no solo expresan compasión, sino que permiten a los discípulos aplicar de manera activa y tangible las enseñanzas de Jesús sobre el amor al prójimo.

Cuadro Comparativo: El Ejemplo de Cristo en la Fe y el Servicio

Aspecto	Ejemplo de Jesús	Aplicación Práctica para el Discípulo
Fe	Jesús confió plenamente en la voluntad del Padre, incluso en Getsemaní.	Confiar en Dios en tiempos difíciles, sometiendo nuestra voluntad a la de Él.
Servicio	Jesús lavó los pies de sus discípulos y alimentó a los hambrientos.	Participar en actividades de servicio, desde ayudar a los necesitados hasta ser un apoyo en la comunidad.
Compasión	Sanó a los enfermos y mostró misericordia a los marginados.	Mostrar empatía y misericordia hacia los demás, involucrándonos en actos de bondad.
Humildad	Se hizo siervo de todos, siendo Dios mismo.	Actuar con humildad, sirviendo sin esperar reconocimiento, como Jesús lo hizo.

Inspirando a Otros a Seguir a Cristo

Vivir como ejemplo de Cristo no solo transforma nuestro interior, sino que también actúa como un faro de esperanza para quienes nos rodean. Al encarnar los principios del Evangelio en nuestras decisiones y acciones cotidianas, reflejamos la luz de Cristo, invitando a otros a conocerle y seguirle. Esa luz resplandece con mayor fuerza en tiempos de dificultad, evidenciando la solidez de nuestra fe y la gracia de Dios obrando en nosotros. Cada acto de bondad, palabra de aliento y gesto de amor se convierte en un testimonio vivo de nuestra relación con Él.

"Vosotros sois la luz del mundo; una ciudad asentada sobre un monte no se puede esconder." – Mateo 5:14

Inspirando a Otros a Seguirle: La manera en que vivimos nuestra fe puede influir profundamente en quienes nos rodean. Cuando reflejamos el carácter de Cristo —ya sea a través de la compasión hacia los necesitados, la paciencia en momentos difíciles o la alegría en nuestras interacciones— motivamos a otros a considerar su propia relación con Dios. Ser un ejemplo positivo crea un ambiente donde los demás se sienten atraídos a explorar su fe y seguir el camino que hemos decidido tomar.

Relatar cómo un miembro de la iglesia demostró amor y generosidad en una situación difícil puede ser profundamente inspirador. Por ejemplo, la historia de alguien que organizó una recolección de alimentos para familias necesitadas muestra cómo el amor de Cristo se traduce en acciones concretas. Para inspirar a otros a seguir a Cristo y dar pasos activos en el discipulado, es fundamental ofrecer oportunidades reales de involucramiento. Fomentar la participación en actividades de la iglesia y en estudios bíblicos es clave. Crear un ambiente donde todos se sientan bienvenidos y valorados promueve el crecimiento espiritual colectivo. Cuando la iglesia se convierte en un espacio de acción y servicio, los miembros se sienten motivados a asumir un rol activo en el cumplimiento de la Gran Comisión.

Organizar grupos de estudio bíblico centrados en la aplicación práctica de las enseñanzas de Cristo, así como retiros espirituales que brinden un espacio de reflexión, son estrategias efectivas. Además, promover la participación en los servicios y en actividades de voluntariado comunitario ayuda a establecer una cultura de servicio y devoción. Estos esfuerzos no solo fortalecen la comunidad, sino que también animan a cada persona a crecer en su caminar con Cristo.

14
LA PERSEVERANCIA EN EL DISCIPULADO

La perseverancia es un pilar fundamental en la vida de todo discípulo de Cristo. No se trata solo de mantener la fe en tiempos de dificultad, sino también de continuar avanzando en el camino del discipulado a pesar de los desafíos y las pruebas que puedan surgir. La vida cristiana no está exenta de obstáculos; al contrario, es en los momentos de dificultad donde se pone a prueba nuestra fe y se revela nuestro carácter. La perseverancia nos permite enfrentar las adversidades con la certeza de que, a través de ellas, estamos siendo moldeados y preparados para cumplir el propósito que Dios tiene para cada uno de nosotros.

Mantener una actitud perseverante implica desarrollar una confianza profunda en Dios y en Sus promesas. La Escritura nos recuerda en Romanos 5:3-4:

"Y no solo esto, sino que también nos gloriamos en las tribulaciones, sabiendo que la tribulación produce paciencia; y la paciencia, carácter; y el carácter, esperanza."

Al reconocer que las pruebas son una oportunidad para crecer, podemos transformar cada dificultad en un escalón hacia una mayor madurez espiritual. La perseverancia también es contagiosa; al mostrar firmeza y dedicación en nuestra fe, inspiramos a otros a hacer lo mismo, creando un efecto multiplicador en nuestra comunidad de fe. Al explorar este tema, se abordarán principios clave que nos ayudarán a fortalecer nuestra perseverancia en el discipulado. La Escritura nos ofrece ejemplos de hombres y mujeres que, a pesar de enfrentar adversidades, mantuvieron su fe y avanzaron en su llamado. Aprender de estas historias nos motivará a confiar en la fidelidad de Dios y a seguir adelante, recordando que no estamos solos en esta jornada.

La perseverancia, entonces, se convierte en un acto de adoración: un testimonio vivo de nuestra fe en acción.

Manteniendo la Fe en Tiempos Difíciles

Perseverancia Espiritual: La perseverancia espiritual se refiere a la capacidad de mantener la fe y la confianza en Dios, incluso cuando las circunstancias son adversas. Es un compromiso a largo plazo de seguir a Cristo a pesar de los desafíos y las pruebas que podemos enfrentar en nuestra vida diaria. Esta perseverancia no solo es una muestra de nuestro amor y fidelidad hacia Dios, sino que también es un testimonio poderoso para quienes nos rodean.

A lo largo de la Biblia, encontramos numerosas historias que ilustran la perseverancia en la fe. Por ejemplo, la vida de **Job**, quien, a pesar de perderlo todo, se mantuvo firme en su confianza en Dios, demostrando que la fe puede sobrevivir incluso en las circunstancias más devastadoras. Otro ejemplo es el apóstol **Pablo**, quien, a pesar de enfrentar persecuciones, encarcelamientos y peligros constantes, nunca vaciló en su misión de difundir el evangelio. También están los primeros **mártires cristianos**, quienes, a pesar de las terribles consecuencias, eligieron mantener su fe y dar su vida por Cristo.

"Bienaventurado el hombre que soporta la tentación; porque cuando haya resistido la prueba, recibirá la corona de vida, que Dios ha prometido a los que le aman." – Santiago 1:12. Este versículo nos recuerda que la perseverancia en tiempos difíciles tiene una recompensa divina: una **corona de vida** prometida a aquellos que permanecen fieles.

Prácticas para Mantener la Fe: En momentos de dificultad, es vital establecer prácticas espirituales que nos ayuden a mantener firme nuestra fe. La **oración** es una herramienta poderosa que nos conecta con Dios y nos proporciona la fortaleza necesaria para enfrentar los desafíos. La **reflexión en la Palabra de Dios** nos permite encontrar consuelo y dirección en los pasajes que hablan de Su fidelidad y amor. Asimismo, el **ayuno** puede ser una práctica efectiva para enfocarnos en nuestra relación con Dios, buscando Su guía y fortaleza.

A continuación, se presenta un modelo de plan de oración específico para momentos de dificultad. Este plan puede ayudarte a estructurar tu tiempo de oración y reflexión:

Día	Enfoque de Oración	Versículo Clave	Notas/ Reflexiones
Lunes	Agradecimiento por las bendiciones	Salmo 100:4	¿Por qué estoy agradecido hoy?
Martes	Peticiones por necesidades personales	Filipenses 4:6	¿Qué áreas necesito entregarle a Dios?
Miércoles	Orar por otros (familia, amigos, iglesia)	1 Timoteo 2:1	¿Quién necesita mi intercesión?
Jueves	Reflexión sobre la Palabra de Dios	Salmo 119:105	¿Qué me está enseñando Dios hoy?
Viernes	Orar por fortaleza y perseverancia	Hebreos 12:1-2	¿Cómo puedo seguir adelante?
Sábado	Adoración y alabanza	Salmo 95:1-2	¿Cómo puedo adorar a Dios hoy?
Domingo	Preparación para la semana	Romanos 12:1	¿Qué me comprometo a hacer esta semana?

Este cuadro proporciona una guía semanal que permite profundizar en la oración y reflexionar sobre diferentes aspectos de la vida espiritual, fortaleciendo así la perseverancia en la fe.

Estrategias para no desfallecer

Identificación de obstáculos: Es importante analizar los obstáculos comunes que pueden hacer tambalear la fe, como el desánimo, la duda y la adversidad. Reconocer que todos enfrentamos momentos difíciles nos permite entender que estos desafíos no definen nuestra fe; al contrario, son oportunidades para crecer y fortalecer nuestra relación con Dios.

Herramientas para superar los desafíos: A continuación, se presentan algunas estrategias prácticas para superar estos obstáculos y mantener la perseverancia:

- **Apoyo grupal:** Estar rodeados de una comunidad de apoyo que nos aliente y sostenga marca una gran diferencia. Contar con amigos o miembros de la iglesia que nos animen es esencial. La oración en grupo, las reuniones de estudio bíblico y los eventos congregacionales fortalecen los lazos y fomentan el ánimo mutuo.
- "Sobrellevad los unos las cargas de los otros, y cumplid así la ley de Cristo." – Gálatas 6:2
- **Mentoría y acompañamiento:** La mentoría espiritual brinda fuerza y dirección en tiempos difíciles. Tener a alguien de confianza, que comparta sabiduría basada en experiencias, puede ofrecer claridad y consuelo. No subestimemos el poder de una conversación sincera con quien ha atravesado un camino similar.
- **Establecimiento de metas espirituales:** Establecer metas claras y alcanzables ayuda a mantener el enfoque y la motivación. Algunos ejemplos: orar

todos los días, leer un capítulo de la Biblia diariamente o involucrarse en actividades de servicio. Estas metas dan estructura al crecimiento espiritual y nos recuerdan nuestro propósito.

Además, es útil establecer un diario espiritual donde se registren bendiciones, desafíos y avances. Esta práctica no solo nos permite ver cómo Dios ha obrado en nuestras vidas, sino que también se convierte en un testimonio personal del poder de la perseverancia en la fe.

Ejemplo de Diario Espiritual

Fecha	Versículo del día	Reflexión personal	Bendiciones	Desafíos	Oraciones
01/01/2024	Salmo 23:1	Hoy recordé que Dios es mi pastor y nada me falta. Me siento agradecida por Su provisión constante.	• La salud de mi familia • Un nuevo trabajo	• Dudas sobre mi futuro	• Por claridad en mis decisiones • Por la salud de un amigo
01/02/2024	Filipenses 4:6-7	Aprendí que no debo preocuparme, sino presentar mis peticiones a Dios. Esta verdad me da paz interior.	• La oportunidad de servir en la iglesia	• Sentimientos de ansiedad	• Por paz mental • Por un enfoque más positivo

Fecha	Versículo del día	Reflexión personal	Bendiciones	Desafíos	Oraciones
01/03/2024	Romanos 8:28	Recordé que todo obra para bien de los que aman a Dios. Eso me da confianza en medio de mis circunstancias.	• La bondad de Dios en mi vida	• Desafíos financieros	• Por sabiduría en la gestión de mis finanzas • Por ayuda en mi situación
01/01/2024	Salmo 23:1	Hoy recordé que Dios es mi pastor y no tengo falta de nada. Me siento agradecido por su provisión en mi vida.	• La salud de mi familia • Un nuevo trabajo	• Dudas sobre mi futuro	• Por claridad en mis decisiones • Por la salud de un amigo
01/02/2024	Filipenses 4:6-7	Aprendí que no debo preocuparme, sino presentar mis peticiones a Dios. Esto me trae paz.	• La oportunidad de servir en la iglesia	• Sentimientos de ansiedad	• Por paz mental • Por un enfoque más positivo
01/03/2024	Romanos 8:28	Recordé que todo trabaja para bien para los que aman a Dios. Me da confianza en mis circunstancias.	• La bondad de Dios en mi vida	• Desafíos financieros	• Por sabiduría en la gestión de mis finanzas • Por ayuda en mi situación

Instrucciones para usar el Diario Espiritual

1. **Fecha:** Registra la fecha de tu entrada.
2. **Versículo del día:** Escribe un versículo bíblico que te haya impactado o en el que estés meditando.
3. **Reflexión personal:** Reflexiona sobre cómo ese versículo se aplica a tu vida y qué aprendizaje puedes extraer de él.
4. **Bendiciones:** Anota las bendiciones y los motivos por los cuales estás agradecido.
5. **Desafíos:** Escribe sobre los desafíos que estás enfrentando actualmente.
6. **Oraciones:** Anota tus peticiones y lo que deseas presentar ante Dios en oración.

Es fundamental recordar que la perseverancia en el discipulado no es una tarea solitaria. Estamos en un viaje donde la fortaleza proviene tanto de Dios como del acompañamiento en la comunidad de fe. Al aplicar estrategias como el establecimiento de metas espirituales y la creación de un diario para reflexionar sobre nuestras experiencias, podemos atravesar los tiempos difíciles con mayor resiliencia.

Animamos a cada discípulo a buscar apoyo en su iglesia, compartiendo sus luchas y victorias, y así crear un entorno donde todos puedan crecer juntos en la fe y mantenerse firmes en su compromiso con Cristo.

EL VIAJE DEL DISCIPULADO CONTINUA

En este recorrido que hemos compartido, hemos reflexionado sobre los aspectos esenciales del discipulado, desde la importancia de la rendición de cuentas hasta el poder transformador del servicio en la iglesia. Cada capítulo nos ha guiado a través de enseñanzas y principios que nos fortalecen en nuestra caminata como discípulos de Cristo. Recordemos que el discipulado no es solo una serie de lecciones, sino una invitación a vivir en comunión con Dios y con los demás.

Quiero invitarte a que tomes un momento para reflexionar sobre lo aprendido. ¿Cómo puedes implementar estos principios en tu vida diaria? Tal vez sea a través de actos de servicio, de compartir tu fe o de buscar la rendición de cuentas en tu andar espiritual. Este es un viaje continuo de crecimiento y transformación, y cada paso cuenta.

Como dice en Hebreos 10:24-25: "Y consideramos unos a otros para estimularnos al amor y a las buenas obras, no dejando de congregarnos, como algunos tienen por costumbre, sino exhortándonos unos a otros, y tanto más, cuanto veis que aquel día se acerca." Este llamado a la acción nos recuerda que, en el discipulado, no estamos solos; Somos parte de un cuerpo que se edifica mutuamente.

Muchas gracias por acompañarme hasta aquí en este viaje. Que Dios te bendiga en cada paso que des en tu caminar con Él.

ACERCA DEL AUTOR

Elismar Parra es una talentosa pianista y escritora con una profunda pasión por la fe cristiana. A lo largo de su trayectoria, ha dedicado su vida a inspirar y guiar a otros a través de su música y sus escritos. Es reconocida por su obra La Melodía de la Ambición, en la que explora las complejidades de la vida, la superación personal y la búsqueda de propósito a través del arte y la fe.

Como pianista, Elismar ha participado en diversas iglesias y eventos, compartiendo su talento y su amor por la música como una forma de adoración. Su capacidad para conectar con la audiencia a través de interpretaciones conmovedoras ha dejado una huella imborrable en la vida de muchas personas.

También se ha dedicado a la mentoría y al discipulado, trabajando estrechamente con jóvenes y adultos para ayudarles a descubrir y desarrollar sus dones espirituales. Su enfoque en la formación de líderes cristianos se refleja en su nuevo libro Rutas del Discipulado: Formando Líderes en Cristo, donde comparte su visión y estrategias para cultivar una fe sólida y un liderazgo transformador.

Además de su labor musical y literaria, Elismar es

una miembro activa de su comunidad digital, siempre dispuesta a servir y apoyar iniciativas que promuevan el bienestar espiritual y social.

www.ingramcontent.com/pod-product-compliance
Lightning Source LLC
Chambersburg PA
CBHW071700040426
42446CB00011B/1846